ERIKA GAMMEL

Kartei

zum

Kunstunterricht

Jahrgangsstufe 1

ISBN 3-89291-**109**-6

VORWORT

Zur ARBEIT mit der KUNSTKARTEI

Die Kunstkartei für diese Jahrgangsstufe soll dem Lehrer Anregungen und methodische Hilfen aufzeigen, wie er die geforderten Lerninhalte mit seiner Klasse im Laufe des Schuljahres durchführen kann. Die Unterrichtsbeispiele wurden in enger Verbindung mit der Unterrichtspraxis erstellt. Sie sind teilweise bereits langjährig erprobt bzw. aus den Erfahrungswerten heraus überarbeitet und erneuert.
Die Menge der Karten bedeutet nicht, daß sie in dieser Zahl innerhalb eines Schuljahres angewendet werden können. Vielmehr muß der Lehrer nach seinem Geschmack und Zeitbedürfnis auswählen. Für viele Unterrichtsstunden muß mehr Zeit als 45 Minuten berücksichtigt werden, wenn die Darstellungsweise nicht leiden soll.
Die Einteilung des Inhalts nach den Bereichen Zeichnen, Drucken, Malen, Darstellendes Spiel, Bildbetrachtung und Gestalten/Schneiden/Formen heißt nicht, daß man die Lerninhalte in dieser konsequenten Reihenfolge durchführen soll. Sicher ist es günstig, längere Zeit bei einem Tätigkeitsbereich zu verweilen, damit die Schüler mit den dafür erforderlichen, spezifischen Fertigkeiten vertraut werden, und sie auch auf andere Themen übertragen können. Andererseits sollte man die Tätigkeiten in angemessenen Zeitabständen wechseln, um die Arbeitsfreude der Schüler zu erhalten und jedem Kind das Arbeiten in einem ihm vielleicht besser liegenden Bereich zu ermöglichen. Vielen Schülern gelingt zum Beispiel das Malen mit Deckfarben leichter als das Zeichnen und Malen mit farbigen Stiften und umgekehrt. Ein zu langes Verweilen bei einem Lernbereich könnte in solchen Fällen die Motivation für das Fach Kunsterziehung beeinträchtigen. Außerdem bieten sich mehrfach Verbin-

dungen zwischen den Lernbereichen an: Von den Schülern zu bearbeitende Bildinhalte können z.B. durch Pantomime verdeutlicht werden. Aus diesen Gründen ist das kleine Kästchen oben rechts in den Karten freigelassen, um dem Lehrer eine individuelle Numerierung und Ordnung zu ermöglichen.
Innerhalb eines Tätigkeitsbereiches sind die Karten hauptsächlich nach Schwierigkeitsgrad, teilweise aber auch nach der erforderlichen Folge im Jahreslauf geordnet. Die Themen wurden so gewählt, daß sie sich einerseits für die geforderte Technik eignen, andererseits aber auch Verknüpfungen zwischen der Kunsterziehung und anderen Fächern zu lassen und dem Lebens- und Erfahrungsbereich der Kinder entsprechen (Berücksichtigung von Alltagserlebnissen, örtliche Feste, Feiern, Geschichten und Märchen).
Nachdem in der 1./2. Jahrgangsstufe Kunsterziehung ein Teil des grundlegenden Unterrichts ist, wurden bei der Themenauswahl besonders die Querverbindungen zu anderen Fächern berücksichtigt, vornehmlich zum Heimat- und Sachunterricht. Dessen Lerninhalte sind manchmal mit mehreren Themenbeispielen aus der Kunsterziehung verbunden. Hier muß der Lehrer - soweit erforderlich - wieder individuell auswählen.

Inhaltsverzeichnis

III. MALEN mit DECKFARBEN

IV. DARSTELLENDES SPIEL

V. BILDBETRACHTUNG

VI. GESTALTEN/SCHNEIDEN/FORMEN

HINWEISE zur ARBEIT mit der KLASSE

Die Namen **Grund**schule, **grund**legender Unterricht beinhalten, daß hier **Grund**lagen gelegt werden sollen, auch im Fach Kunsterziehung. Das bedeutet, daß man die Schüler nicht einfach unter dem bequemen Mantel der Kreativität losarbeiten lassen kann, ohne die erforderlichen technischen und bildnerischen Kriterien vorher zu besprechen und zu erarbeiten. Daher muß der Lehrer in der Grundschule mit den Kindern genaue Hinweise und eine strukturierte Abfolge der **Gestaltungsaufgabe** besprechen. Das heißt aber nicht, daß man eine bestimmte Technik nur um ihrer selbst willen einübt. Jede neu zu erarbeitende Technik muß im Zusammenhang mit dem Problem einer Bildgestaltung stehen, um zu vermeiden, daß die reine Fertigkeit die bildnerischen Fähigkeiten überwiegt. Dies wurde in der Kunstkartei berücksichtigt. Jede Technik ist in den Dienst eines Gestaltungsthemas gestellt. Bei jeder UE wird mit dem Schüler genau erarbeitet, worauf es ankommt.

Er weiß: Was soll ich machen?
Welche Arbeitsmaterialien soll ich verwenden?
Was soll ich berücksichtigen? (z.B. Bewegung, hell-dunkel Kontrast ...)

Diese Kriterien sind in der Kunstkartei meist im **Tafelbild** dargestellt, wobei darauf geachtet wurde, die Kreativität der Schüler nicht zu stark einzuschränken. Aus diesem Grund sind auch alle vom L vorgegebenen Skizzen nur in Umrissen bzw. nie in ihrer Gesamtheit dargestellt.

Außerdem wurden bei der Erstellung des Tafelbildes häufig die Schüler mit einbezogen. Dies fördert eine Rhythmisierung des U und die Selbsttätigkeit der SS. Alle als Schülerbeispiele angegebenen Skizzen stammen auch tatsächlich von diesen. Ein sorgfältig strukturiertes Tafelbild hilft vor allem schwächeren Schülern, die Gestaltungsaufgabe zu bewältigen. Die Erfahrung zeigt, daß diese unsicheren Schüler

sonst häufig die Arbeit ihres Nachbarn in Formen und Farben imitieren.
Zur Vorbereitung des L für das Fach Kunsterziehung gehört, daß er sich vorher mit einer neu einzuführenden Technik vertraut macht, sie selbst ausprobiert. So erkennt er von vornherein Schwierigkeiten und kann sich entsprechende Hilfen und Tips für die Schüler überlegen. Für verschiedenartige Techniken und Arbeitsmaterialien benötigen die S zwei Zeichenblöcke (DIN A3 und DIN A4). Eine Filzstiftzeichnung fordert ein kleineres Blattformat als eine Deckfarbenmalerei.
Während der Phase des "kreativen Gestaltens" sollte der Lehrer unbedingt durch die Klasse gehen, ermutigen, loben, bzw. falsche Ansätze in Farbe, Form und Technik sofort berichtigen. Treten bei einem S besondere technische Schwierigkeiten auf, so kann der Lehrer helfend eingreifen und durch Vormachen den richtigen Weg zeigen.
Für einen effektiven Kunstunterricht darf die Nachbesprechung nicht fehlen: Hier werden die zu Beginn der Schule erarbeiteten Kriterien mit den Ergebnissen verglichen. Dadurch erhalten die SS Bewertungsmaßstäbe für eigene und fremde Bilder und können diese bei ihren folgenden Gestaltungsaufgaben berücksichtigen und verwerten.

ZEICHNEN und MALEN

Es bieten sich drei verschiedene Arbeitsgeräte an: der Bunt-, Filz- und Wachsmalstift, wobei der erstgenannte Stift kaum Anwendung im eigentlichen Kunstunterricht der 1. und 2. Klasse findet. Der Buntstift dient vor allem der Gestaltung der Hefteinträge.

Der F i l z s t i f t zeichnet sich durch die besondere Leuchtkraft seiner Farben aus. Es gibt ihn in verschiedenen Stärken. Dünne eignen sich zum Schreiben und Zeichnen, während dickere zum Ausmalen von Flächen verwendet werden.
Nachteil des Filzstiftes: Man sieht die Strichführung, wenn nicht gleichmäßig und sauber an- bzw. ausgemalt wird.

Filzstifttechniken

Zeichnen und Malen mit v e r s c h i e d e n f a r b i g e n Filzstiften

Umrisse einer Figur, eines Gegenstandes werden mit dünnem Filzstift vorgezeichnet. Die entstandenen Flächen werden mit dickeren Stiften ausgemalt.

Zeichnen mit nur e i n e r Filzstiftfarbe

Die Figur, der Gegenstand wird gezeichnet und anschließend mit grafischen Mitteln (Punkt, Linie, Strich, Fläche) durchstrukturiert.

Der W a c h s m a l s t i f t verlangt aufgrund seiner Dicke und Form ein größeres Blattformat als der Filzstift. Er ist handlich und gleitet leicht über die verschiedenen Malgründe. Wachsmalstifte gibt es mit und ohne Schiebehülse, sie sind wasserfest oder abwaschbar. Beide Stiftarten finden ihre Anwendung im Unterricht, je nachdem welche Technik und damit verbundene Ausdruckskraft mit den Farben erzielt werden möchte.
Wachsmalstifte können porendicht - dies erfordert viel Kraft von den Kindern - oder pastellartig aufgetragen werden.

Wachsmaltechniken

Dunkel auf Hell deckt

Eine Fläche wird mit hellen Wachsmalstiften angelegt und mit dunkleren Farben übermalt.

Hell auf Dunkel mischt

Eine Fläche wird mit dunkleren Wachsmalstiften angelegt und mit hellen Farben aufgerieben. Die Farben vermischen sich. Mit weißem Wachsmalstift lassen sich die Farben aufhellen. (vergl. Std. Frau Holle)

Durchreibetechnik

Für diese Technik eignen sich alle Materialien, die eine strukturierte Oberfläche besitzen. Die einfachste Form der Frottage ist das Durchreiben von Münzen. Hintergründe und Gruppierungen lassen sich mit Hilfe dieser Technik darstellen. Flache Tonpapierschablonen werden unter das Zeichenblatt gelegt. Mit einem quergelegten Wachsmalstift wird sanft darübergestrichen. Um ein reibungsloses Verschieben der Schablonen zu ermöglichen, wird das Zeichenblatt nur an einer Seite aus dem Block getrennt. Die Schablone kann eventuell auch mit einer Büroklammer am Blattrand befestigt werden.

Verbindung von **Filz-** und **Wachsmalstift**

Filz- und Wachsmalstift lassen sich innerhalb einer Gestaltungsaufgabe auch kombinieren: z.B. werden Muster, Gräser, Blumen, mit Filzstiften gezeichnet, während die Flächen mit Wachsmalstiften angemalt werden. (vergl. Std. 'Eine Schlange auf der Wiese')

Bei Filz- und Wachsmalzeichnungen sollten die Zeichenblätter erst nach Beendigung der Arbeit herausgetrennt werden. Der Zeichenblock dient somit als Unterlage, die nicht verrutschen kann.

TA/SKIZZE

Meine Schultüte

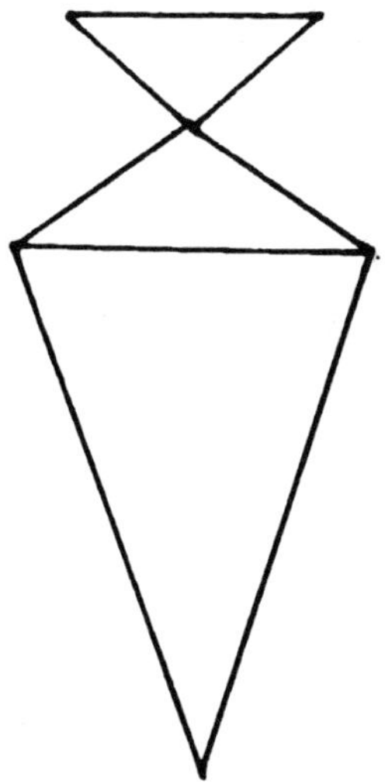

ZEICHNEN u. MALEN

LERNINHALT

- Malen der eigenen Schultüte mit farbigen Stiften
- Genaue Darstellung der Schultütenform
- Ausschneiden u. Anordnen der Schultüten zu einem Gesamtbild

THEMA

Meine Schultüte

QUERVERBINDUNGEN

HSK: Meine Schultüte

TECHNIK

Malen mit **Wachsmalstiften**

ARBEITSMITTEL

- Zeichenblatt DIN A 4
- Wachsmalstifte
- Schere, Klebstoff

MÖGLICHER EINSTIEG

SS bringen für diese Stunde ihre Schultüten mit
freie SS-Äußerungen ...

grobmotorische Vorübung: SS spuren Form an der Schultüte nach

ÜBERLEGUNGEN zur AUFGABE

- Form der Schultüte wird im UG genau erarbeitet und an der TA festgehalten.
  - SS beschreiben ihre eigene Schultüte
- Malen der eigenen Schultüte
- Ausschneiden und Anordnen der Schultüten zu einem Gesamtbild
- Rätsel: Wer findet meine Schultüte auf dem Gesamtbild wieder?
  1 S beschreibt seine Schultüte, die anderen SS müssen diese auf dem Gesamtbild finden.

MÖGLICHE ALTERNATIVEN/BEMERKUNGEN/NOTIZEN

TA/SKIZZE

Unser Kasperl ist

fröhlich und traurig

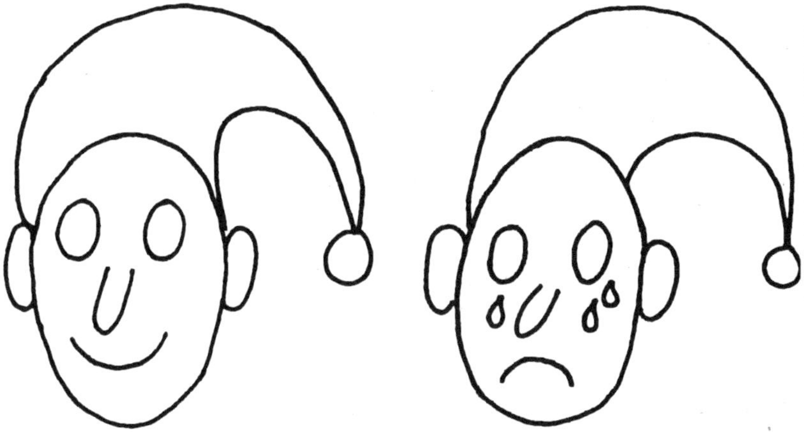

ZEICHNEN u. MALEN

LERNINHALT
- Malen eines Kasperlkopfes mit farbigen Stiften
- Deutliche Darstellung der Gesichtszüge
- Ausschneiden u. Anordnen der Gesichter zu einem ausgewogenen Gesamtbild

THEMA

Unser Kasperl ist fröhlich und traurig

QUERVERBINDUNGEN

Deutsch/Lesen/Schreiben: O o

TECHNIK

Malen mit **Wachsmalstiften**

ARBEITSMITTEL
- Zeichenblatt DIN A 4
- Wachsmalstifte
- Schere
- Klebstoff

MÖGLICHER EINSTIEG

Lehrererzählung: Kasperl hat seine Freunde zur Geburtstagsfeier eingeladen ... Nachricht von Seppel und Hansl fehlt noch. Gerade klingelt der Postbote beim Kasperl.

Tonband: Gespräch zwischen Kasperl und Postboten (1. Brief: gute Nachricht; 2. Brief: schlechte Nachricht;)

Spontanäußerungen

Zielangabe: Unser Kasperl ist fröhlich und traurig (TA).

ÜBERLEGUNGEN zur AUFGABE

- Impuls: Die Gesichter von Kasperl kannst du dir vorstellen - SS-Äußerungen ...
  AA: Schaue deinen Nachbarn an! - Freue dich so wie Kasperl! - Sei so traurig wie Kasperl! - Der Partner beobachtet dabei dein Gesicht! -
  PA, Auswertung im UG: - fröhlich: Mund hochgezogen
  - traurig: Mund nach unten gezogen
  Impuls: Die Kopf- und Augenform erinnert dich an einen Buchstaben
  SS-Äußerungen: O o
  Darstellung des Kasperls wird durch rhythmischen Vers untermalt:
  - Oh, oh, oh, der Kasperl freut sich so!
  - Oh, oh, oh, der Kasperl leidet so!
  Impuls: Dem Kasperl fehlt noch etwas! - SS-Äußerungen: ... Zipfelmütze, Fix. TA
- Malen des Kasperlkopfes
- Ausschneiden und Anordnen des Kasperls zu einem Gesamtbild.

MÖGLICHE ALTERNATIVEN/BEMERKUNGEN/NOTIZEN

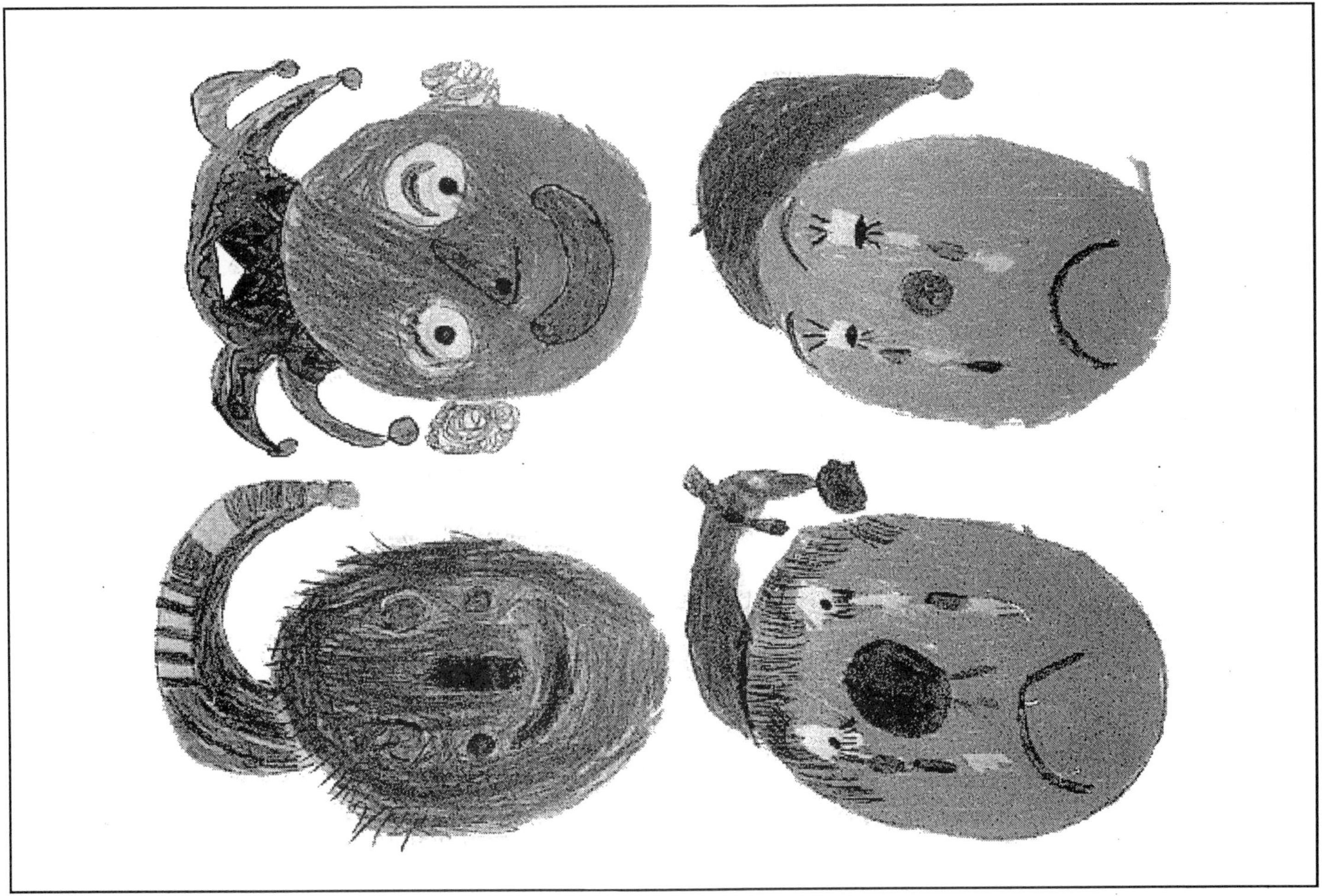

TA/SKIZZE

Der kleine Wassermann

ZEICHNEN u. MALEN

LERNINHALT

- Malen einer Phantasiegestalt mit farbigen Stiften
- Darstellen einer raumfüllenden Einzelfigur

THEMA

Der kleine Wassermann

QUERVERBINDUNGEN

Deutsch/Lesen:
Durch Vorlesegeschichten
Freude am Lesen gewinnen

TECHNIK

Malen mit **Wachsmalstiften, Filzstiften**

ARBEITSMITTEL

Zeichenblatt DIN A 4
Wachsmalstifte
Filzstifte

MÖGLICHER EINSTIEG

Vorlesebuch: Der kleine Wassermann
Kapitel: Dreh dich Kleiner, S. 17-21

Spontanäußerungen

ÜBERLEGUNGEN zur AUFGABE

- Impuls: Der kleine Wassermann darf endlich das Haus verlassen.
  Im bloßen Hemd kann er allerdings nicht vor die Türe.
  SS-Äußerungen: ... Er bekommt Anziehsachen.
  SS beschreiben / L malt an TA
    - Hose von glänzender Fischhaut (genau besprechen! Vergleiche TA!)
    - schilfgrüner Rock
    - knallrote Zipfelmütze
    - Stiefel aus gelbem Leder

  AA: Male den kleinen Wassermann in seinen neuen Anziehsachen!

- Kreatives Gestalten
- Vergleich der Arbeiten

MÖGLICHE ALTERNATIVEN / BEMERKUNGEN / NOTIZEN

Zur besseren Darstellung der Fischhaut, die Fischschuppen mit Filzstift zeichnen; dann die gesamte Hosenfläche mit Wachsmalstiften übermalen.

Literatur: Der kleine Wassermann v. O. PREUSSLER, Stuttgart THIENEMANNS

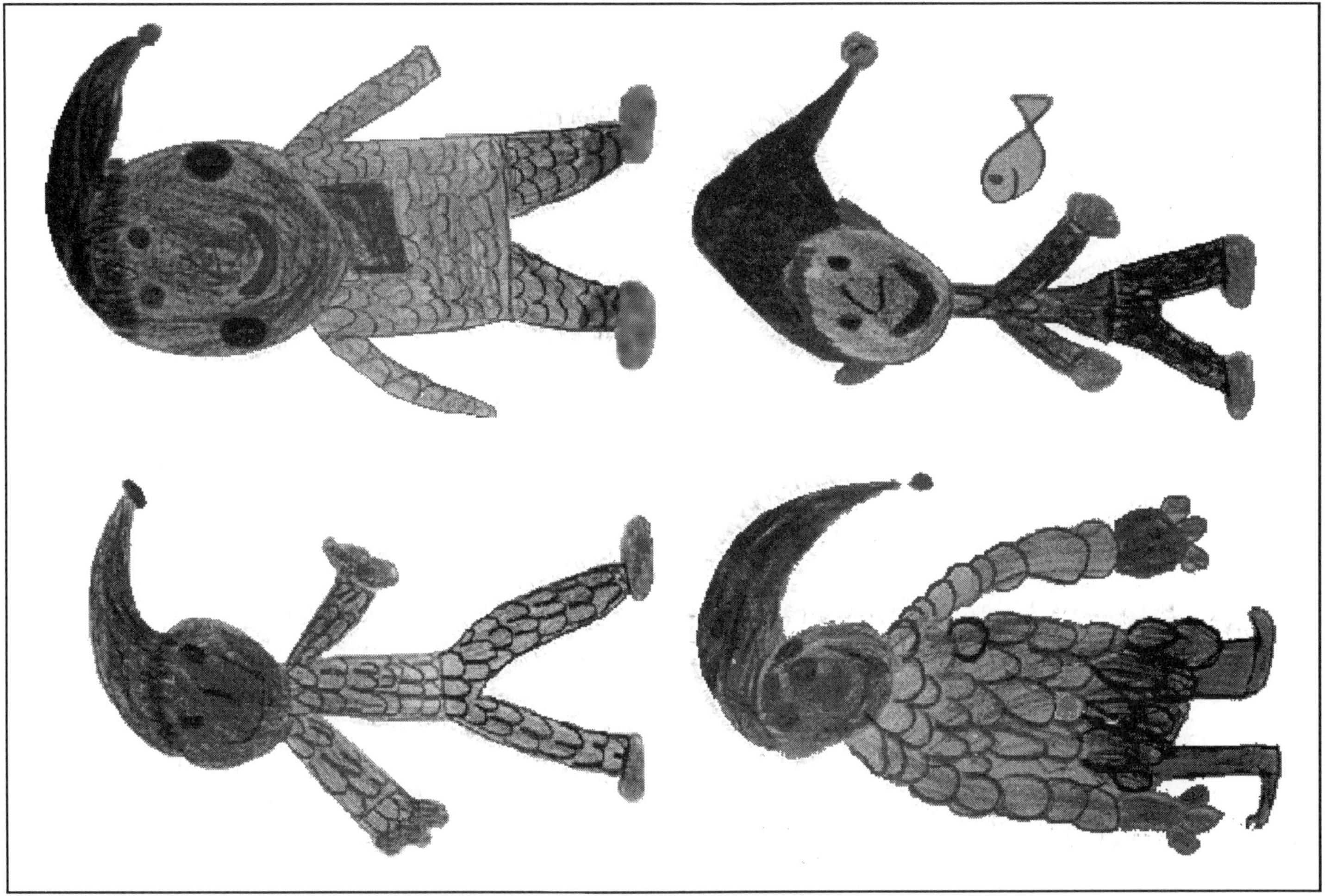

TA/SKIZZE

Spannenlanger Hansl

Nudeldicke Dirn

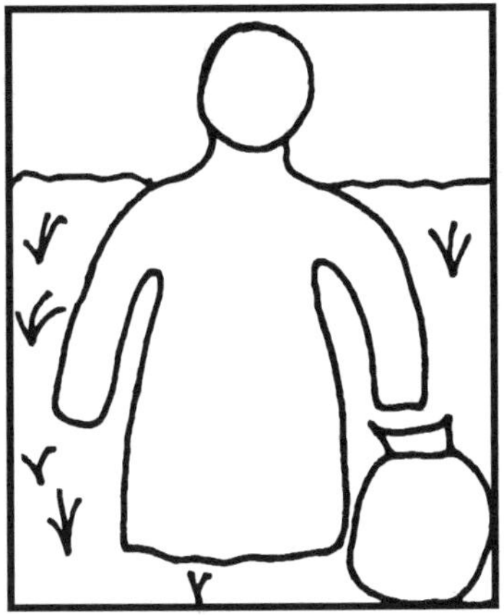

1. *Figur*
2. *Sack*
3. *Hintergrund*

ZEICHNEN u. MALEN

LERNINHALT

- Malen einer Phantasiegestalt mit farbigen Stiften
- Darstellen gegensätzlicher Figuren

THEMA

Spannenlanger Hansl
Nudeldicke Dirn

QUERVERBINDUNGEN

HSK: Kennenlernen von Obstarten
Muß: Lied: Spannenlanger Hansl

TECHNIK

Malen mit **Wachsmalstiften,**

ARBEITSMITTEL

Zeichenblatt DIN A 4
Wachsmalstifte

MÖGLICHER EINSTIEG

Lied: Spannenlanger Hansl

ÜBERLEGUNGEN zur AUFGABE

- Impuls: Über den Hansl und die Dirn hast du im Lied einiges erfahren
  Aussprache im gel. UG über a) Figuren
  b) Sack, den jeder bei sich trägt
  Fixierung TA
- Malen des Hansls <u>oder</u> der Dirn mit Sack
- Besprechung des Hintergrundes:
  - schmaler Streifen als Himmel
  - Rest des Blattes als Wiese

  Fixierung TA
- Gestalten des Hintergrundes

MÖGLICHE ALTERNATIVEN/BEMERKUNGEN/NOTIZEN

Literatur: "Spannenlanger Hansl" in: "Der kleine Singvogel", Ansbacher Verlagsgesellschaft mbH & Co., Schulbuch KG, Seite 50

TA/SKIZZE

Eine Schlange auf der Wiese

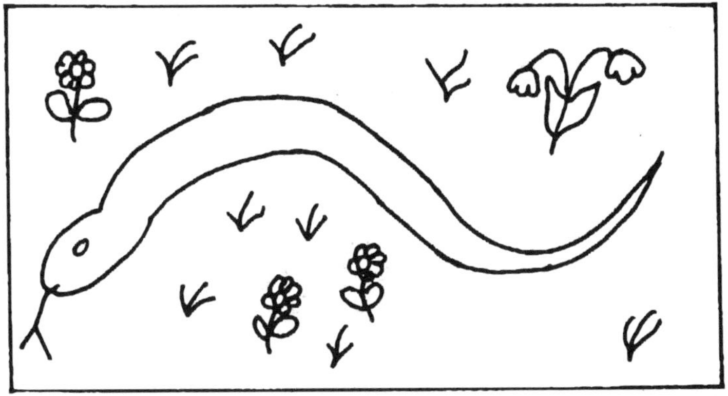

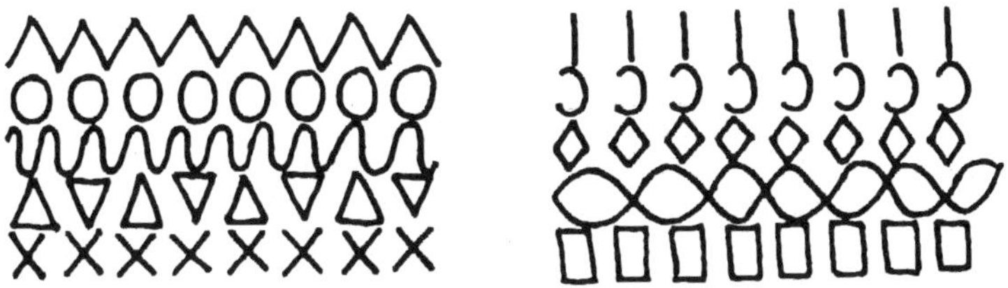

ZEICHNEN u. MALEN

LERNINHALT

- Malen einer Figur mit Filzstiften
- Durchdifferenzieren der Figur mit verschiedenen Mustern

THEMA

Eine Schlange auf der Wiese

QUERVERBINDUNGEN

Deutsch/Lesen/Schreiben: S s
MuB: Lied: Die kleine Schlange geht jetzt aus

TECHNIK

Malen mit **Filzstiften** und **Wachsmalstiften**

ARBEITSMITTEL

Zeichenblatt DIN A 4
Filzstifte
Wachsmalstifte

MÖGLICHER EINSTIEG

- Lied in Tanzform: Die kleine Schlange geht jetzt aus
- SS-Äußerungen über Liedinhalt
- Zielangabe: Eine Schlange auf der Wiese

ÜBERLEGUNGEN zur AUFGABE

- Form einer Schlange
  Erarbeitung im UG / Rückgriff auf Deutsch/Lesen/Schreiben: S s
  Fixierung an TA
- Eine Schlange hat verschiedene Muster
  L zeigt Bilder oder Dias von Schlangen
  UG / mögliche Muster werden an der TA festgehalten
- Malen und Ornamentieren der Schlange
- Besprechen des Hintergrundes:
  - Wiese mit grünem Wachsmalstift flächig anmalen
  - Grasbüschel und Blumen mit Filzstift darübermalen
- Gestalten des Hintergrundes.

MÖGLICHE ALTERNATIVEN/BEMERKUNGEN/NOTIZEN

Lied: "Die kleine Schlange geht jetzt aus" in: Tanzkarussell 1, ANNELIESE GASS-TUTT, Boppard/Rhein, FIDULA

Die kleine Schlange

Text + Melodie: Anneliese Gaß-Tutt
Tanzform: Nach der Überlieferung

61

4-7

AUFSTELLUNG: Alle in einer langen Reihe, durchgefaßt.

SCHRITTART: Gehschritt.

TANZFORM: Das erste Kind beginnt – ohne die Fassung zu lösen – unter den Armen des 2. und 3. Kindes durchzuschlüpfen, geht hinter dem 3. Kind herum und unter den Armen des 3. und 4. Kindes wieder durch. Alle anderen Kinder zieht es seinen Weg mit. Wenn alle durch sind, beginnt das Schlängeln nach der andern Seite denselben Weg wieder zurück.

HINWEIS: Das erste Kind muß anführen können. Gut ist, wenn zu Anfang ein Erwachsener führt.

Aus: Anneliese Gaß-Tutt: Tanzkarusell 1
Fidula Verlag, Boppard/Rhein

TA/SKIZZE

Ich stehe im Regen

Regentropfen

ZEICHNEN u. MALEN

LERNINHALT

- Malen einer Szene mit farbiger Stiften
- Darstellen einer formatfüllenden Einzelfigur
- exaktes, sauberes Malen der Regentropfen

THEMA

Ich stehe im Regen

QUERVERBINDUNGEN

HSK: Erfahrungen und Erlebnisse mit dem Wetter im Jahreslauf

TECHNIK

Malen mit **Wachsmalstiften**

ARBEITSMITTEL

Zeichenblatt DIN A 3
Wachsmalstifte

MÖGLICHER EINSTIEG

Sachimpuls: Tonband: Gespräch zwischen Max und seiner Mutter
(Inhalt: Max steht am Fenster; es regnet. Max schildert dies seiner Mutter. Plötzlich bekommt er Lust, hinaus in den Regen zu gehen. - Mutter: So kannst du nicht nach draußen. Du mußt etwas anderes anziehen!)

Spontanäußerungen

ÜBERLEGUNGEN zur AUFGABE

- Kleidung für Regenwetter
  Überlegung in PA - Auswertung im UG - Fixierung: TA
- Erarbeitung der Szene: Ich stehe im Regen
  1. Schritt: Ich male mich mit der Regenkleidung und dem Schirm
     Hinweis: Beginne beim Malen mit dem Regenschirm!
  2. Schritt: Regentropfen
     Form der Regentropfen wird im UG besprochen - Fixierung: TA
     Hinweis: Achte auf genaue und ordentliche Tropfen!
- Kreatives Gestalten der Szene
- Vergleich der Arbeiten

MÖGLICHE ALTERNATIVEN/BEMERKUNGEN/NOTIZEN

Falls ein Hintergrund gewünscht wird:

- Bemalen des ganzen Blattes mit wässriger blauer Deckfarbe
- Malen der Szene auf blaues Tonpapier (Nachteil: SS müssen sehr kräftig aufdrücken, damit die Farben leuchten)

TA/SKIZZE

Wir malen eine Laterne

ZEICHNEN u. MALEN

LERNINHALT
- Malen einer Laterne als Fensterbild
- Erkennen des Transparenteffekts durch Behandlung des Bildes mit Speiseöl
- Kleben des Bildes in einen schwarzen Tonpapierrahmen

THEMA

Wir malen eine Laterne als Fensterbild

QUERVERBINDUNGEN

HSK: Örtl. Feste und Bräuche: St. Martin

TECHNIK

Malen mit **Wachsmalstiften**

ARBEITSMITTEL
- Zeichenblatt DIN A 5
- Wachsmalstifte
- schwarzer Tonpapierrahmen 17 cm x 22 cm, Breite: 1 cm Speiseöl, Pinsel, Zeitungen

MÖGLICHER EINSTIEG

Rückgriff auf HSK-Stunde: Wir feiern St. Martin

Zielangabe: Wir malen eine Laterne

ÜBERLEGUNGEN zur AUFGABE

L zeigt fertiges Bild einer Laterne; SS stellen Vermutungen über Technik und Arbeitsweise an

im gel. UG werden die einzelnen Arbeitsschritte erarbeitet u. an der TA festgehalten

- mit einem schwarzen Wachsmalstift werden der Umriß der Kerze und der Flamme gezeichnet
- mit einem hellen Wachsmalstift wird die Kerze angemalt; Muster (siehe TA!) mit dunklen Wachsmalstiften darübergemalt
- Hintergrund wird mit einem hellen Wachsmalstift angemalt
- Bepinseln des Bildes durch Speiseöl durch L (zum Trocknen wird das Bild zwischen Zeitungen gelegt)
- Aufkleben des Bildes auf schwarzem Tonpapierrahmen
- Anordnen der Bilder am Fenster.

MÖGLICHE ALTERNATIVEN/BEMERKUNGEN/NOTIZEN

TA/SKIZZE

Sankt Nikolaus

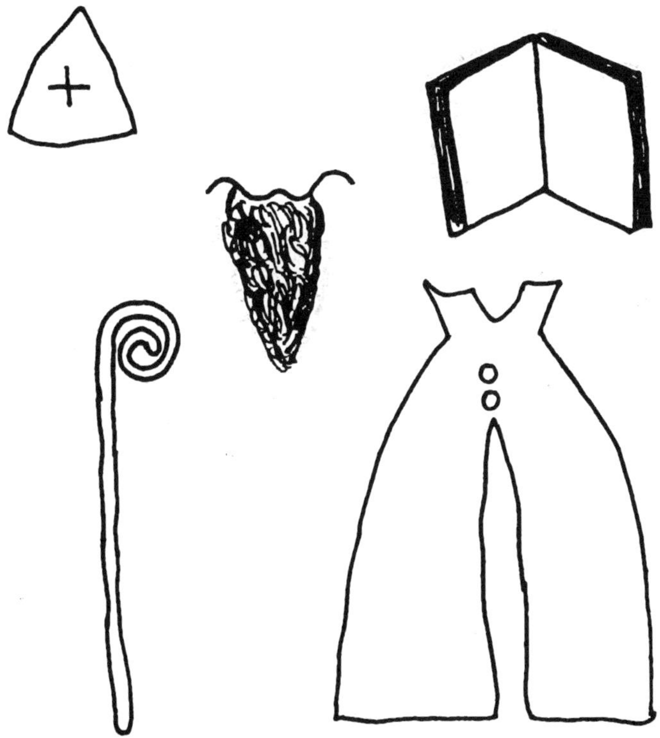

ZEICHNEN u. MALEN

LERNINHALT

- Malen einer Szene mit farbigen Stiften
- Beziehen von zwei Figuren aufeinander

THEMA

Ich stehe vor dem Nikolaus

QUERVERBINDUNGEN

HSK:
- Erleben von Gemeinschaft
- Interesse an örtl. Festen u. Bräuchen u. Einblick in

TECHNIK

Malen mit **Wachsmalstiften**

ARBEITSMITTEL

Zeichenblatt DIN A 3
Wachsmalstifte

MÖGLICHER EINSTIEG

Rückgriff auf U-Std.: Nikolaus war bei uns in der Schule

SS erzählen

ÜBERLEGUNGEN zur AUFGABE

- Impuls: Ein Nikolaus braucht besondere Dinge
  SS-Äußerungen, Fixierung an TA
- Zielangabe: Ich stehe vor dem Nikolaus
- Erarbeitung der Blattaufteilung:
  - eine Hälfte: Nikolaus
  - andere Hälfte: "ich"
- Unterschiede der Figuren:
  - Nikolaus füllt die Größe des Blattes aus, hält Stab in der Hand ...
  - "ich" bin kleiner und schaue entweder ängstlich oder fröhlich zum Nikolaus hinauf
- Gestalten der Szene
- Besprechen und Vergleichen der Arbeiten

MÖGLICHE ALTERNATIVEN/BEMERKUNGEN/NOTIZEN

TA/SKIZZE

Frau Holle

ZEICHNEN u. MALEN

LERNINHALT

- Malen einer Märchengestalt mit farbigen Stiften
- Erkennen, daß weiße Wachsmalstifte dunkle Farben aufhellen
- Exaktes Malen der Schneeflocken

THEMA

Frau Holle schüttelt ihr Bett aus

QUERVERBINDUNGEN

Deutsch/Lesen: Frau Holle
MuB: Lied: Pille, palle, polle

TECHNIK

Malen mit **Wachsmalstiften**

ARBEITSMITTEL

- schwarzes Tonpapier
- schwarzer Tonpapierstreifen
- Klebstoff
- Wachsmalstifte

MÖGLICHER EINSTIEG

Erzählen des Märchens: Frau Holle
oder
MuB: Lied: Pille, palle, polle

ÜBERLEGUNGEN zur AUFGABE

- Falten des Tonpapiers zu einem Haus (zuerst Mitte feststellen, dann die zwei oberen Ecken zu einem Dach falten und festkleben)
- Erarbeitung der Blattaufteilung:
  Frau Holle sitzt im Dachgiebel und schüttelt ihr Bett aus (vergl. TA)
- Formen der Schneeflocken (vergl. TA)
- Erarbeitung der Technik: Hell auf Dunkel mischt
  SS-Versuch: SS bemalen eine kleine Fläche des schwarzen Tonpapierstreifens mit einem dunkelroten, dunkelblauen und braunen Wachsmalstift; SS malen darüber mit einem weißen Wachsmalstift - Die Farbe weiß hellt die Farben auf
- Kreatives Gestalten
- Vergleich der Arbeiten (z.B.: Wie wurde die Technik umgesetzt?
  Wurden verschiedene Formen von Schneeflocken verwendet?)

MÖGLICHE ALTERNATIVEN/BEMERKUNGEN/NOTIZEN

Literatur: Gestaltungsstd. 131
Lied: Pille, palle, polle in:

Anhang Nr. 1

Frau Holle

2. Dicke, dacke, docke, da kommt 'ne dicke Flocke,
setzt sich auf den Gartenzaun, will sich dort ein Häuschen bau'n,
trägt eine spitze Zipfelmütze.

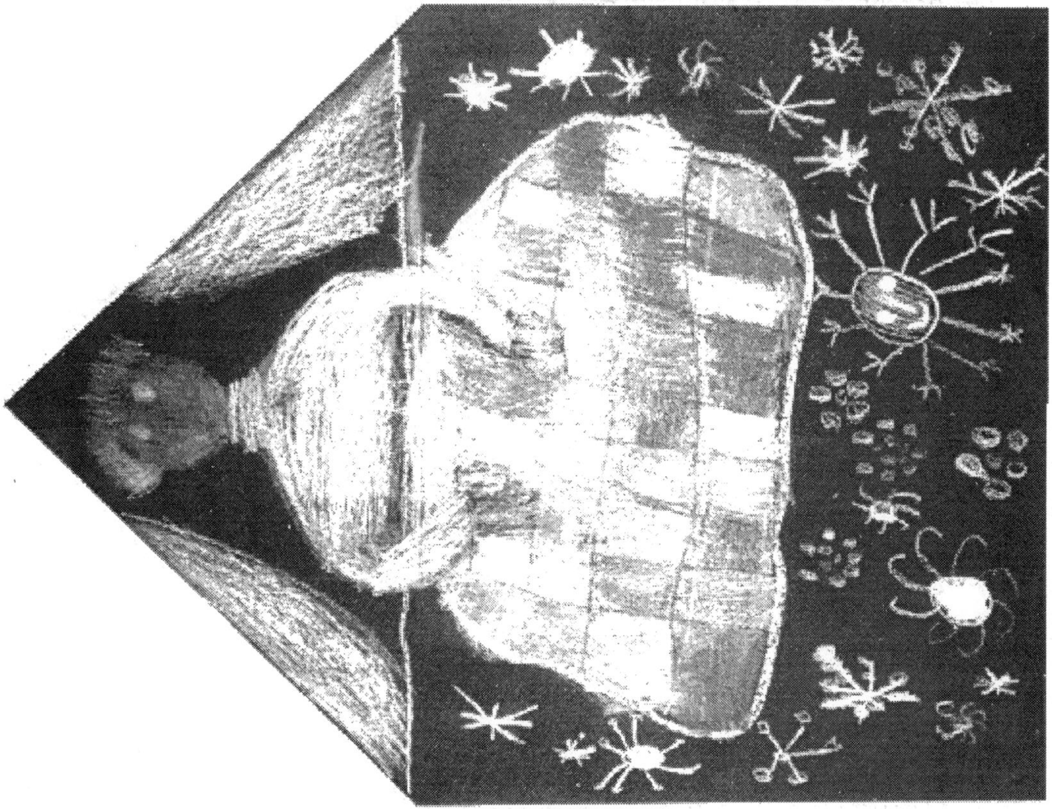

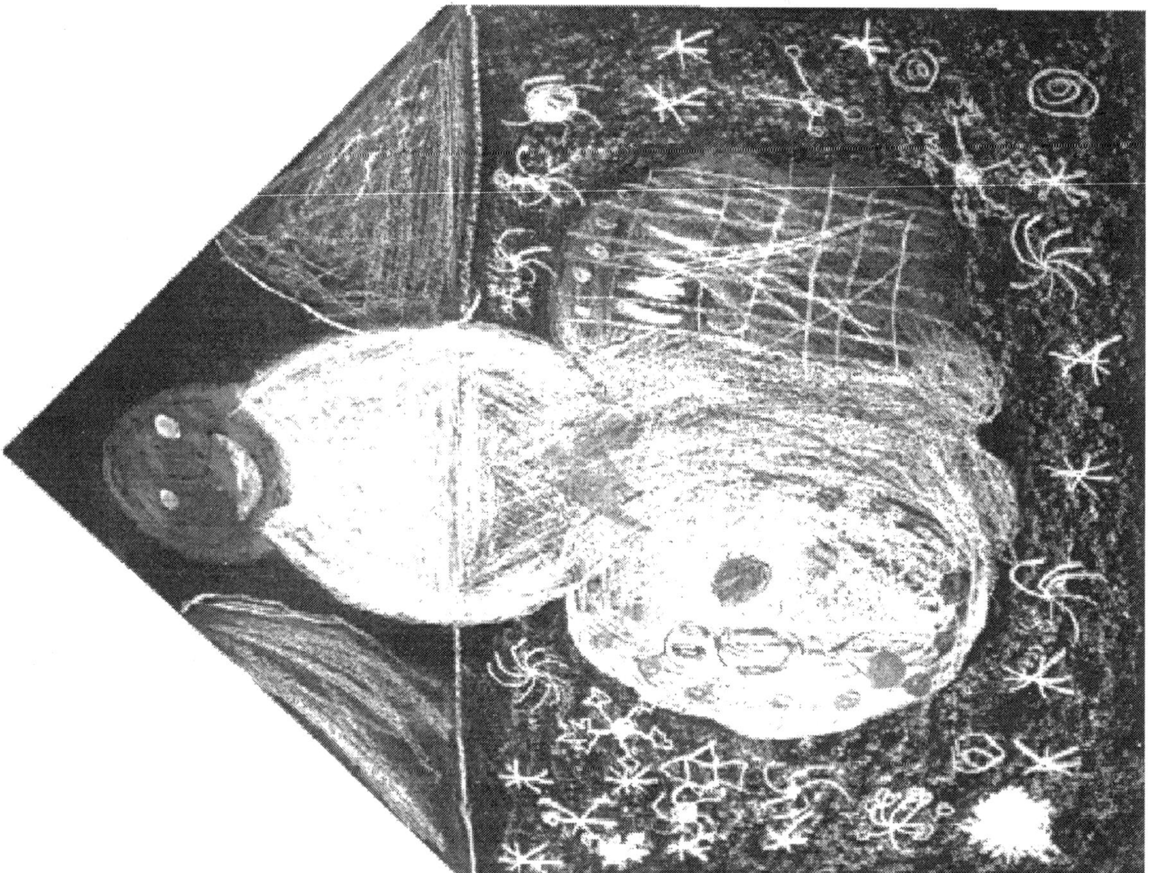

TA/SKIZZE

Was ich am Montag ... mache

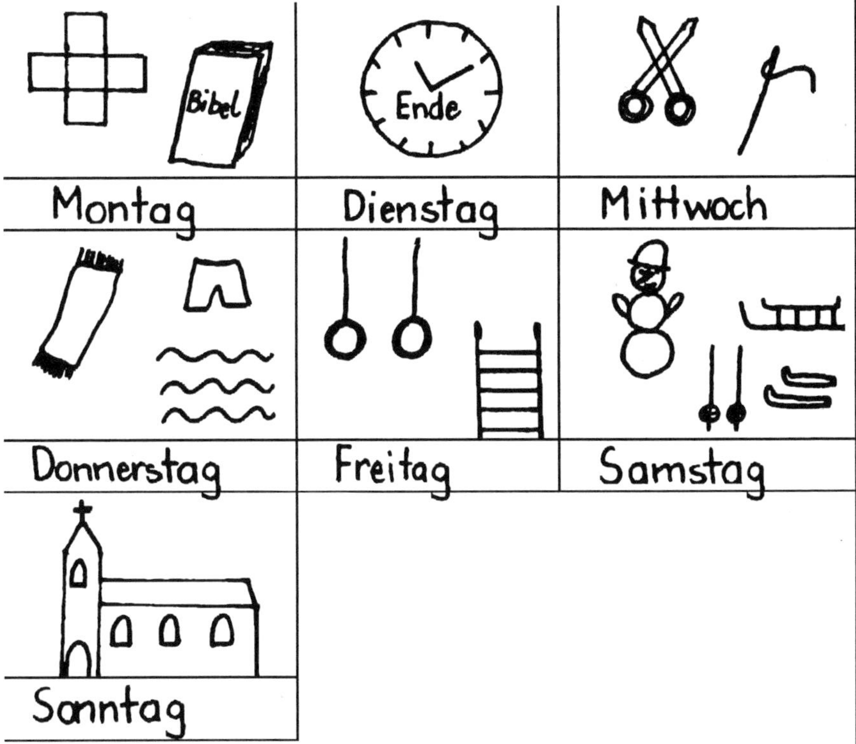

ZEICHNEN u. MALEN

LERNINHALT

- Malen einer Szene mit farbigen Stiften
- genaue Darstellung einer bestimmten Tätigkeit

THEMA

Was ich am Montag ... mache

QUERVERBINDUNGEN

HSK: Überblick über den Tages- und Wochenablauf

TECHNIK

Malen mit **Filzstiften** oder **Wachsmalstiften**

ARBEITSMITTEL

Zeichenblatt DIN A 4
- Wachsmalstifte
- Filzstifte

MÖGLICHER EINSTIEG

Rückgriff auf HSK-Std.: Eine Woche hat sieben Tage

ÜBERLEGUNGEN zur AUFGABE

- SS zählen die Wochentage auf, L hängt entsprechende Wortkarten an die TA
- SS erzählen, welches besondere U-Fach sie am Montag (Dienstag ...) in der Schule haben
  - Am Montag haben wir Religion — L malt charakteristische Gegenstände
  - Am Dienstag ... — zu den Tagen (vergl. TA!)
- SS malen ein Bild zu einem Wochentag
  (L teilt hierzu SS ein: z.B. 4 SS malen Tätigkeit vom Montag
  4 SS malen Tätigkeit vom Dienstag ...)
- Anheften der Bilder zu den Wochentagen an der Seitentafel

MÖGLICHE ALTERNATIVEN/BEMERKUNGEN/NOTIZEN

Charakteristisches des jeweiligen Wochentages kann auch durch Pantomime erraten werden.

TA/SKIZZE

Vögel am Futterhäuschen

ZEICHNEN

LERNINHALT

- Zeichnen eines Vogels mit schwarzem Filzstift
- Entwickeln einer flächenfüllenden Einzelfigur
- Durchstrukturieren der Figur mit grafischen Mitteln

THEMA

Vögel am Futterhäuschen

QUERVERBINDUNGEN

HSK: Kennenlernen einzelner heimischer Vögel im Winter

TECHNIK

Zeichnen mit **schwarzem Filzstift**

ARBEITSMITTEL

Zeichenblatt DIN A 5, schwarzer Filzstift, Schere, Klebstoff; blaues Tonpapier für das Futterhäuschen

MÖGLICHER EINSTIEG

Beobachten von Vögeln am Futterhäuschen

ÜBERLEGUNGEN zur AUFGABE

- Aussehen eines Vogels:
  Vogel kann fliegen, sitzen oder gerade picken
  SS malen entsprechende Vögel an die TA
- Erarbeitung der Technik
  Impuls: Wir zeichnen den Vogel mit einem schwarzen Filzstift
  im UG werden grafische Mittel erarbeitet (Punkt, Linie, Strich, Fläche)
- Kreatives Gestalten
  (2-3 flinke Schüler malen mit Wachsmalstiften ein Vogelhaus auf hellblauem Tonpapier)
- Ausschneiden des Vogels
- Anbringen ans Futterhäuschen

MÖGLICHE ALTERNATIVEN/BEMERKUNGEN/NOTIZEN

TA/SKIZZE

Eine verkehrsreiche Straße

Fahrzeuge

Autos
LKW
Fahrrad
Bus
Motorrad
Bulldog
Feuerwehrauto
Abschleppwagen
Polizeiauto
Krankenwagen

Fußgänger

junge Leute
alte Leute
Kinder
Schüler
Ehepaar
Frau mit Kinderwagen
Frau mit Hund

Kinder auf dem Spielplatz

Ball spielen
Seil hüpfen
rutschen
Fangspiele

ZEICHNEN u. MALEN

LERNINHALT

- Malen von Menschen und Dinger aus der Erlebniswelt der Kinder
- Ausschneiden und Anordnen der Dinge zu einem ausgewogenen Gesamtbild

THEMA

Eine verkehrsreiche Straße

(Gemeinschaftsarbeit)

QUERVERBINDUNGEN

Verkehrserz.: Verkehrspartner und Fußgänger, die uns begegnen

TECHNIK

Malen mit **Filzstiften**

ARBEITSMITTEL

Zeichenblatt DIN A 6
Filzstifte
Schere, Klebstoff
schwarzes Tonpapier

MÖGLICHER EINSTIEG

Sachimpuls: TA Eine verkehrsreiche Straße

Spontanäußerungen: ...

ÜBERLEGUNGEN zur AUFGABE

- Fahrzeuge auf der Straße
  SS nennen verschiedene Fahrzeuge - L schreibt an TA
- Fußgänger, die uns begegnen
  SS nennen verschiedene Fußgänger - L schreibt an TA
- Kinder auf dem Spielplatz
  Provokation: Peter malt ein Kind, das auf der Straße Ball spielt
  Spontanäußerungen: ... darf man nicht, ... nur im Garten oder auf dem Spielplatz
  Partnerarbeit: Was können Kinder auf dem Spielplatz spielen - Auswertung UG
  - Fixierung TA
- Gestalten der Aufgabe
  Einteilen der SS in Gruppen: Gr. 1: Fahrzeuge, Gr. 2: Fußgänger, Gr. 3: Spielplatz
- Ausschneiden und Anordnen der Menschen / Dinge

MÖGLICHE ALTERNATIVEN/BEMERKUNGEN/NOTIZEN

- Bei Fahrzeugen darauf achten, daß diese in verschiedene Richtungen fahren
- Zusatzaufgabe für flotte Schüler: Male einen Baum, einen Strauch ...

TA/SKIZZE

Ein prächtiges Osterei

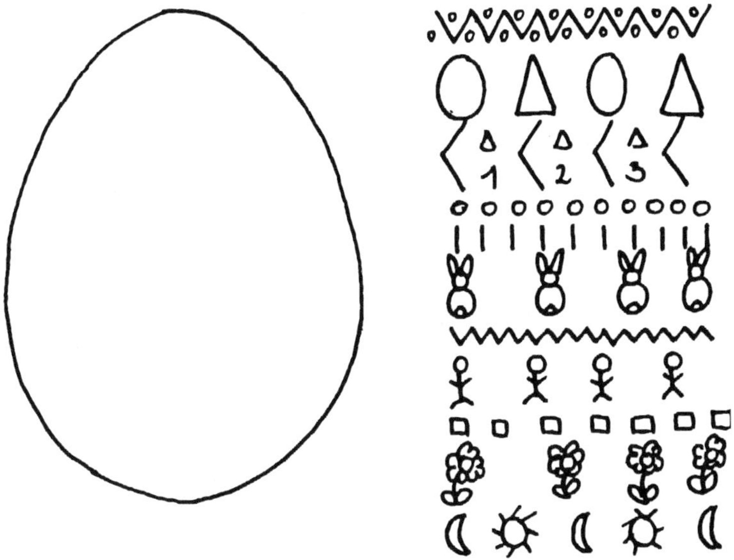

ZEICHNEN u. MALEN

LERNINHALT

- Zeichnen und Malen mit farbigen Stiften
- Durchdifferenzieren des Ei's mit verschiedenen Mustern
- Achten auf die Verwendung von kräftigen Farben

THEMA

Ein prächtiges Osterei

QUERVERBINDUNGEN

HSK: Feste und Bräuche: Osterr

TECHNIK

Malen mit **Filzstiften**

ARBEITSMITTEL

Zeichenblatt DIN A 4
Filzstifte
Schablone für das Ei
Lineal

MÖGLICHER EINSTIEG

Impuls: Max möchte seiner Mutter zu Ostern ein selbstgemaltes Ei schenken

Provokation: L öffnet TA (weißes Ei an TA)

Spontanäußerungen: ... Ei muß bunt sein, geschmückt ...

ÜBERLEGUNGEN zur AUFGABE

- Erarbeitung von verschiedenen Mustern
  Partnerarbeit: SS überlegen sich Muster für das Ei
  Auswertung: SS malen Muster neben das Ei an der TA
- Kreatives Gestalten:
  - SS legen Eischablone auf Zeichenblatt, umfahren diese
  - SS ziehen mit Lineal Linien durch das Ei (für exaktes Arbeiten!) L hilft eventuell
  - Verzieren des Ei's mit verschiedenen Mustern
- Ausschneiden des Ei's und Aufkleben auf Tonpapierkarte
- Erarbeiten eines Ostergrußes an die Eltern
- Schreiben dieses Grußes auf Blockblatt (Lin 1) und Aufkleben auf die Innenseite der Karte.

MÖGLICHE ALTERNATIVEN/BEMERKUNGEN/NOTIZEN

Ein exaktes Verzieren des Ei's erfordert viel Zeit!

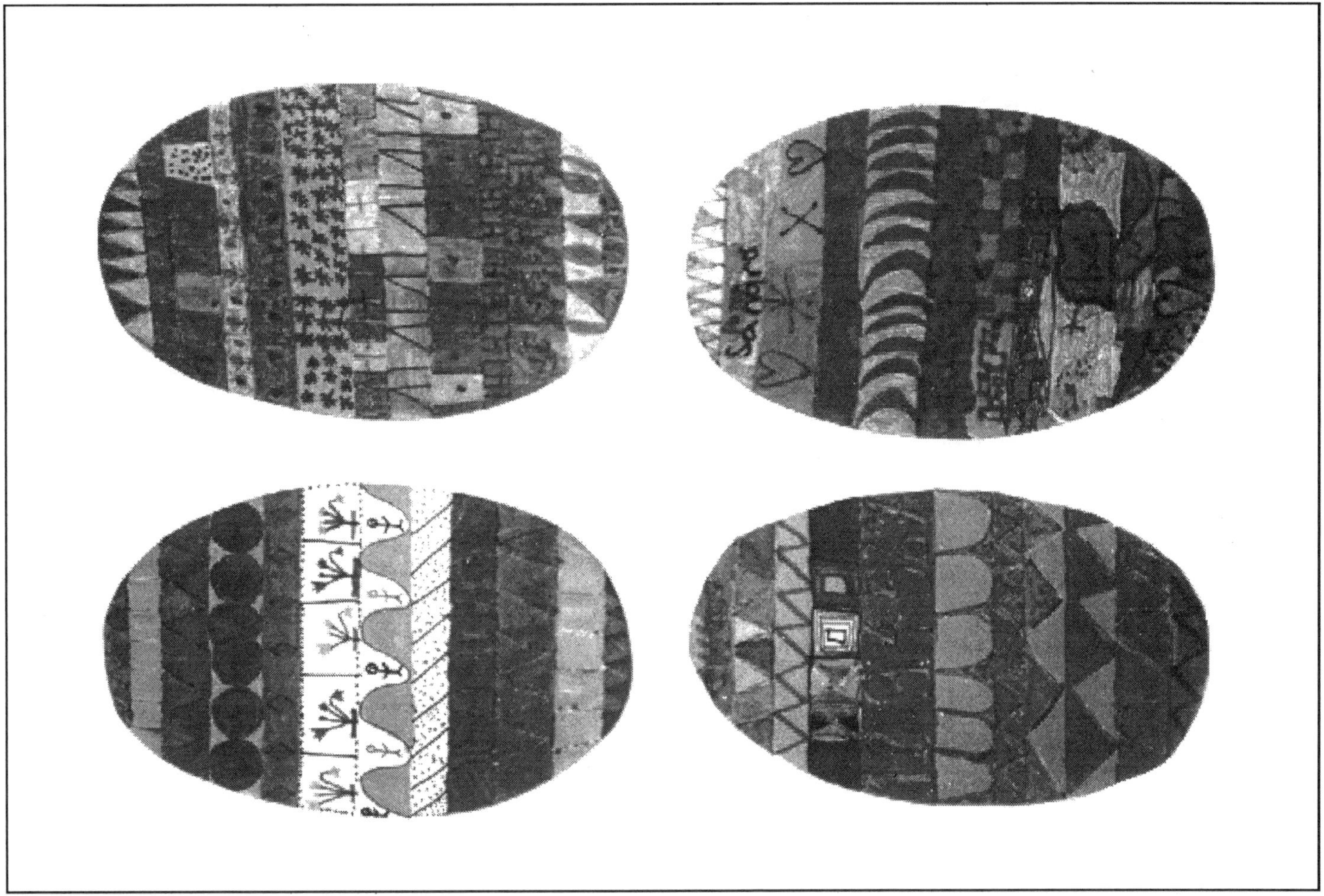
Sandra

TA/SKIZZE

Ein Küken schlüpft aus dem Ei

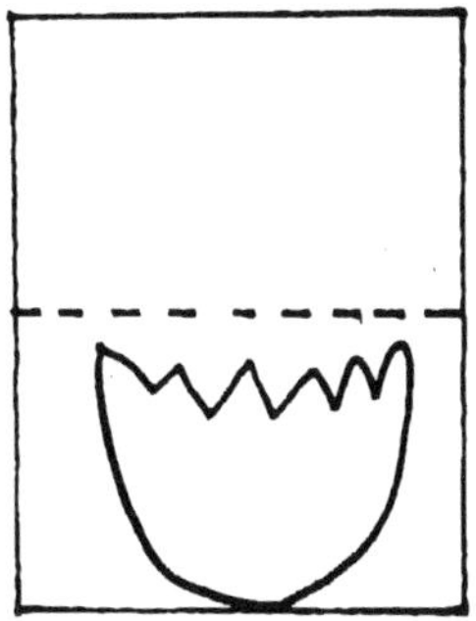

ZEICHNEN u. MALEN

LERNINHALT

- Malen mit Wachsmalstiften
- Kräftiges Ausmalen der Flächen
- Formatfüllende Darstellung der Szene

THEMA

Ein Küken schlüpft aus dem Ei

QUERVERBINDUNGEN

HSK: Feste und Bräuche: Ostern

TECHNIK

Malen mit **Wachsmalstiften**

ARBEITSMITTEL

schwarzes Tonpapier DIN A 3
Wachsmalstifte

MÖGLICHER EINSTIEG

Rückgriff auf HSK-Std.: Vom Osterei
Impuls: Aus einem Ei kann etwas Lebendiges entstehen
SS-Äußerungen: ... ein Küken

Zielangabe: TA Ein Küken schlüpft aus dem Ei

ÜBERLEGUNGEN zur AUFGABE

- Erarbeitung der Szene:
  1. Ei: - Die Schale bricht, wenn das Küken herausschlüpft - vergl. TA!
     - Ei nimmt knapp die Hälfte des Blattes ein
  2. Küken: - SS malen verschiedene Küken an die TA
     - Küken muß den noch freien Platz des Blattes ausfüllen
- Gestalten der Szene
- Besprechung der Arbeiten

MÖGLICHE ALTERNATIVEN/BEMERKUNGEN/NOTIZEN

II. DRUCKEN mit FINGERFARBEN

Diese Maltechnik erfordert keine Hilfsmittel. Sie ist die älteste und ursprünglichste Form der Darstellung. Das Kind hinterläßt mit seinen Fingern verschiedene Druckspuren. Die Variationsmöglichkeiten dieser Spuren soll das Kind durch Experimentieren herausfinden (vergl. Std. 'Der Wunderbaum')

Als Arbeitsmittel können sowohl Fingerfarben als auch Deckfarben verwendet werden. Wählt man die Fingerfarben, so ist es günstig, die Kinder in Gruppen zusammenzusetzen und an jeden Tisch eine Palette mit den Farben zu stellen. Für den Druck mit Deckfarben benötigt man zusätzlich einen Wasserbecher. Der Finger wird darin eingetaucht. Anschließend rührt man mit dem Finger im Deckfarbenschälchen und schon kann mit dem Stempeln begonnen werden.

TA/SKIZZE

Unser Wunderbaum

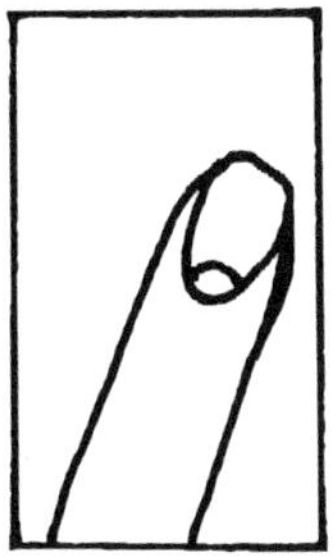

- tupfen
- pressen
- abrollen
- ziehen

DRUCKEN

LERNINHALT

- Drucken von Früchten mit Fingerfarben
- Verwenden verschiedener Druckspuren
- Ausschneiden und Aufkleben der Früchte auf einen Baum

THEMA

Wir drucken Obst für unseren Wunderbaum (Gemeinschaftsarbeit)

QUERVERBINDUNGEN

HSK: Kennenlernen von Obstarten

TECHNIK

Fingerdruck mit **Fingerfarben**

ARBEITSMITTEL

Zeichenblatt DIN A4
Fingerfarben
Baum aus Tonpapier auf Plakatkarton (Vorarbeit des Lehrers)

MÖGLICHER EINSTIEG

Interessant gestaltete L-Erzählung über einen Wunderbaum, der in einem Garten steht ...
SS-Äußerungen

Zielangabe: Unser Wunderbaum

ÜBERLEGUNGEN zur AUFGABE

- Sachimpuls: Tonpapierbaum auf Plakatkarton; SS: ... Früchte fehlen
  SS benennen und beschreiben verschiedene Früchte, L malt an TA
- Erarbeitung der Technik
  Impuls: An die TA habe ich dir unser heutiges Arbeitsgerät gezeichnet! SS: ... unser Finger; UG über mögliche Druckspuren (vergl. TA!)
  Jede SS-Gruppe bekommt eine Palette von Fingerfarben, SS experimentieren damit auf Probeblatt, verwenden dabei verschiedene Drucktechniken
  die Entwürfe werden an die TA geheftet und besprochen
- Drucken von Obst / Hinweis auf Größe der Früchte!
  (L teilt hierzu SS in Gruppen ein, damit gewährleistet wird, daß auch verschiedene Früchte gedruckt werden)
- Ausschneiden und Aufkleben der Früchte auf den Baum.

MÖGLICHE ALTERNATIVEN/BEMERKUNGEN/NOTIZEN

TA/SKIZZE

Der stolze, prächtige Hahn

DRUCKEN

LERNINHALT

- Drucken eines Hahnes mit Fingerfarben
- Verwenden der erarbeiteten Druckspuren
- Entwickeln einer formatfüllenden Einzelfigur

THEMA

Der stolze, prächtige Hahn

QUERVERBINDUNGEN

TECHNIK

Drucken mit **Fingerfarben**

ARBEITSMITTEL

- schwarzes Tonpapier DIN A4
- Fingerfarben

MÖGLICHER EINSTIEG

Tonband: Streitgespräch zwischen Henne und Hahn auf einem Bauernhof ...

SS-Äußerungen: ...

Zielangabe: Den stolzen, prächtigen Hahn malen wir heute

ÜBERLEGUNGEN zur AUFGABE

- Aussehen des Hahns wird im UG genau erarbeitet;
  Fixierung: TA
- Erarbeitung der Technik:
  Sachimpuls: an TA SS-Äußerungen: ... Fingerdruck
  SS wdh. Möglichkeiten der Druckspuren (vergl. Std.: Obst für unseren Wunderbaum)
  "ziehen": Aussehen des Hahns
  tupfen/pressen/abrollen: Füllen der Körperform: Setze eine Feder neben die andere
  evtl. Ausprobieren auf Blatt
- Kreatives Gestalten
- Besprechen, Vergleich der Arbeiten

MÖGLICHE ALTERNATIVEN/BEMERKUNGEN/NOTIZEN

TA/SKIZZE

Das Silvester-Feuerwerk

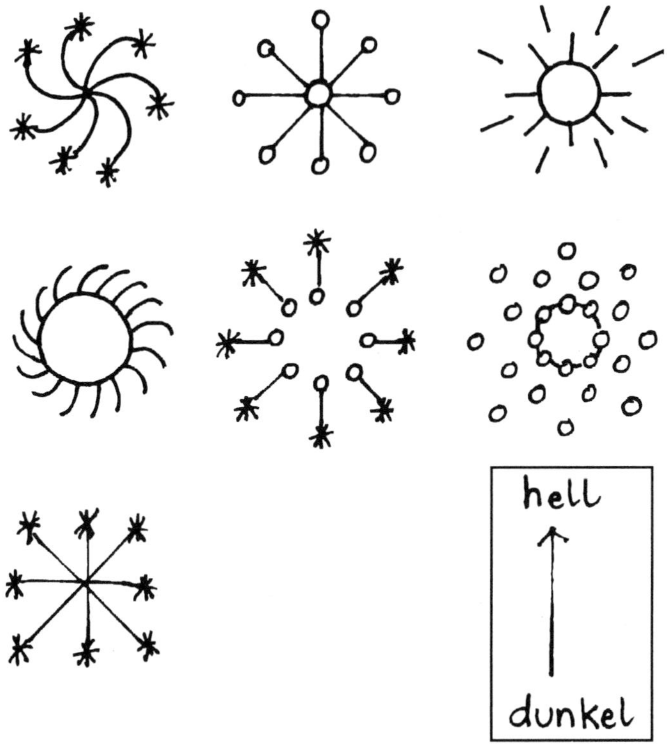

DRUCKEN

LERNINHALT

- Ausfüllen des Blattformats mit verschiedenen Formen von Feuerwerkskörpern
- Abstufung der Farben von hell nach dunkel
- Anwendung der verschiedenen Druckspuren des Fingerdrucks

THEMA

Wir drucken das Silvester-Feuerwerk

QUERVERBINDUNGEN

Mdl. Sprachgebrauch: Ferienberichte

TECHNIK

Fingerdruck mit **Deckfarben**

ARBEITSMITTEL

- Zeichenblatt DIN A3 (schwarz eingefärbt)
- Deckfarben
- Wasserbecher, Mallappen

MÖGLICHER EINSTIEG

Impuls: In den Ferien gab es einen Tag, an dem du besonders lang aufbleiben durftest. SS erzählen über den Silvesterabend

Zielangabe: Wir malen das Silvester-Feuerwerk

ÜBERLEGUNGEN zur AUFGABE

- Erarbeitung der verschiedenen Formen des Feuerwerks (vergl. TA)
- farbliche Gestaltung des Feuerwerks (ein Feuerwerkskörper entwickelt seine stärkste Leuchtkraft beim Zeitpunkt des "Zerplatzens") dunkel - hell (siehe TA)
- Erarbeitung der Technik Impuls: Mit dem Pinsel lassen sich die verschiedenen Feuerwerkskörper schlecht malen. UG: Wdh. der Druckspuren des Fingerdrucks (ziehen, pressen, abrollen ...)
- Kreatives Gestalten
- Vergleich / Besprechen der Arbeiten

MÖGLICHE ALTERNATIVEN/BEMERKUNGEN/NOTIZEN

Hinweis: Das Zeichenblatt wird in einer vorhergehenden Stunde bereits mit einem wässrigen Schwarz (Deckfarben) eingefärbt.

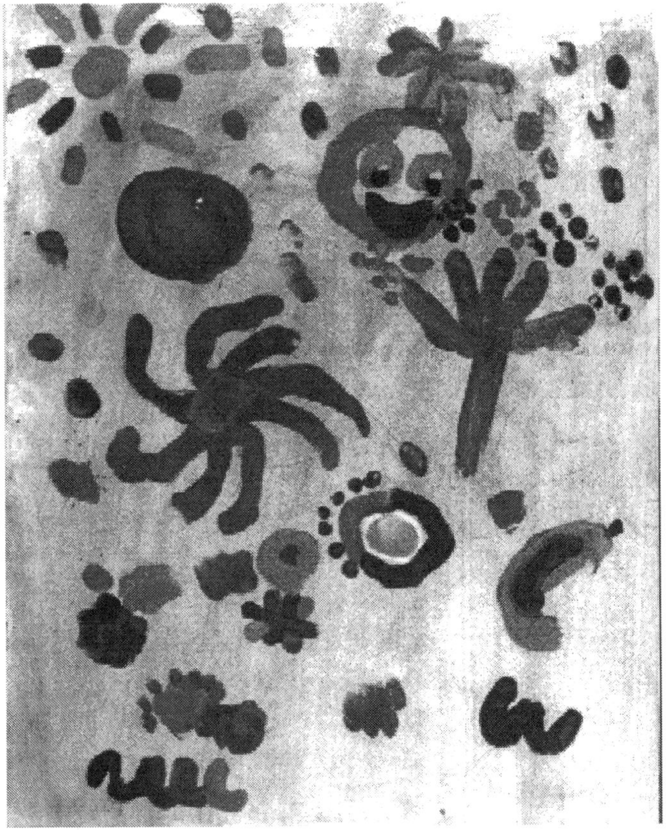

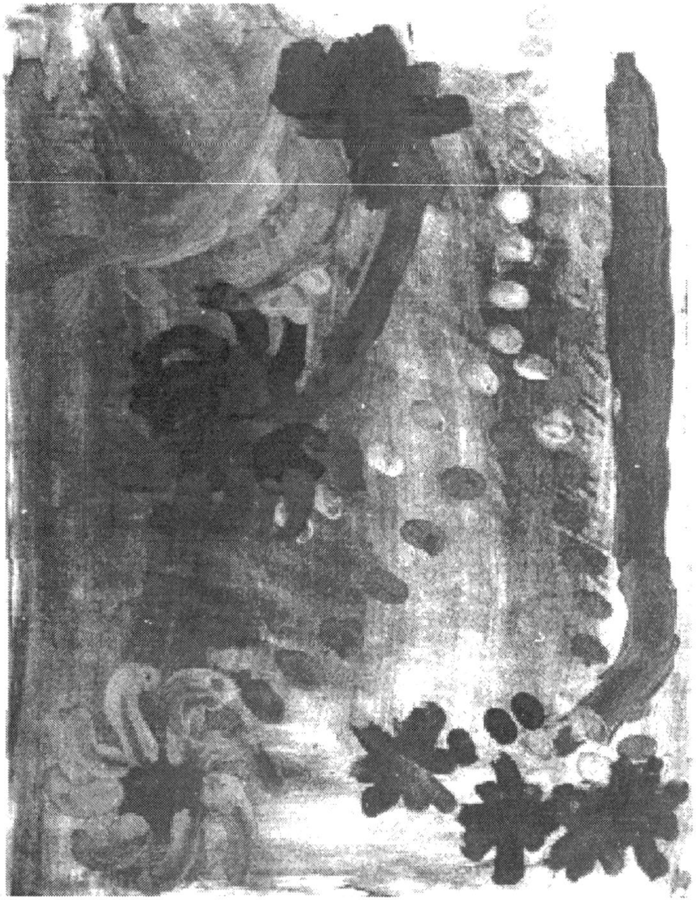

TA/SKIZZE

Wir drucken einen Kirschbaum

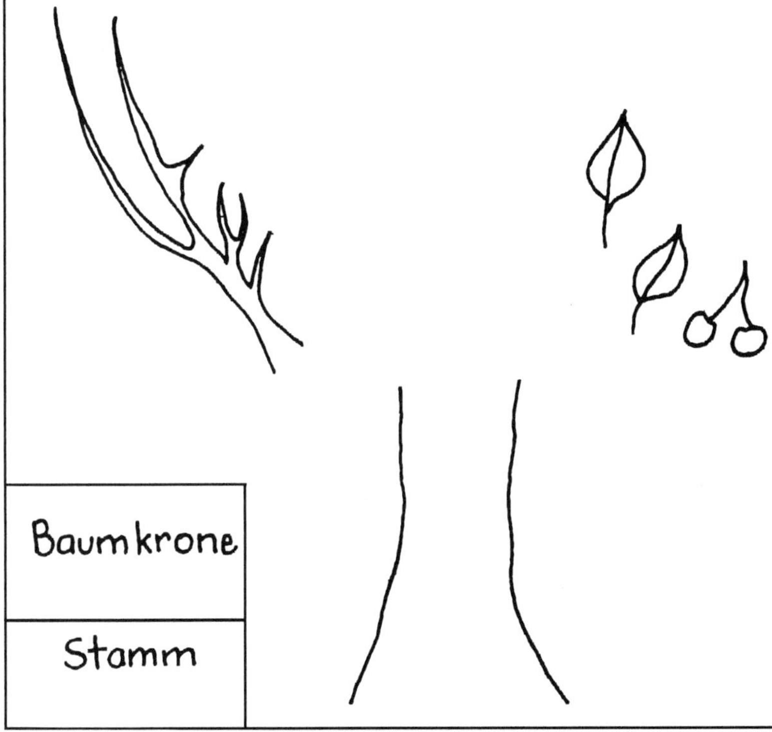

DRUCKEN

LERNINHALT
- Drucken eines Kirschbaumes mit Fingerfarben
- Organische Darstellung der Baumformen

THEMA

Wir drucken einen Kirschbaum

QUERVERBINDUNGEN

HSK: Kennenlernen von Obstarten aus dem Erfahrungsbereich des Kindes

TECHNIK

Fingerdruck mit **Fingerfarben**

ARBEITSMITTEL

hellblaues Tonpapier DIN A3
Fingerfarben

MÖGLICHER EINSTIEG

Lied: Rote Kirschen eß ich gern
oder Rätsel über die Kirsche

Zielangabe: Wir malen einen Kirschbaum

ÜBERLEGUNGEN zur AUFGABE

- Form eines Baumes
  SS betrachten einen Baum im Schulgarten, beschreiben ihn: Stamm wird nach oben schmäler; auf dem Stamm sitzt die Baumkrone; Äste und Zweige verjüngen sich - siehe TA
- Teile des Kirschbaumes (siehe TA)
- Erarbeitung der Technik
  Sachimpuls TA - Spontanäußerungen: ... Wir drucken den Baum
  Wiederholung möglicher Druckspuren im gel. UG
- Erarbeitung der Blattaufteilung (siehe TA)
- Kreatives Gestalten
- Vergleich der Arbeiten / Herausstellen besonders gelungener Arbeiten
  (z.B. welche Baumform ist "richtig"?)

MÖGLICHE ALTERNATIVEN/BEMERKUNGEN/NOTIZEN

Lied: Rote Kirschen eß ich gern
siehe Anhang 4

Rote Kirschen eß ich gern

Wort und Weise aus Pommern

III. MALEN mit DECKFARBEN

Das Malen mit den Deckfarben erfordert eine straffe Organisation und feststehende Arbeits- und Ordnungsgewohnheiten:

- eine Sitzordnung, die ein problemloses Wasserholen für jeden S ermöglicht
- eine festgelegte Einteilung für das Wasserholen, z.B. reihen- oder gruppenweise.
- Die S zu einem Verhalten anleiten, um das Umstoßen von Wasserbechern zu vermeiden.
- Günstig ist ein Schuhkarton für jeden S mit folgenden Utensilien: Farbkasten, feststehender Becher, verschiedenartige bzw. - große Pinsel (Borsten- bzw. Haarpinsel), Mallappen, evtl. ein kleiner Schwamm.
- Um Flecken in der Kleidung zu verhindern, können die S eine Schürze oder ein altes Herrenhemd mitbringen.
- Blätter während der Ausführung nicht aus dem Block trennen (außer Technik erfordert dies), um eine Wellenbildung des Blattes zu vermeiden.
- Für Gestaltungsaufgaben, die einen vorher angelegten Hintergrund benötigen, empfiehlt es sich, diesen kurz vor der Pause zu malen. So kann das Blatt während der Pause trocknen und anschließend weiter bearbeitet werden.

Deckfarbentechniken

Naß-in-Naß-Technik

Ein Zeichenblatt wird unter dem Wasserhahn auf beiden Seiten angefeuchtet. Überschüssiges Wasser läßt man über eine Ecke ablaufen. Das Blatt wird auf

eine feste Unterlage gelegt und geglättet. Eventuelle Wasserpfützen werden mit einem Lappen oder Schwamm entfernt. Auf das nasse Papier werden Farbspuren gemalt.
Da in den meisten Klassenzimmern meist nur ein Waschbecken vorhanden ist, kann ein wassergefüllter Eimer als zusätzliches Arbeitsgerät bereitgestellt werden, um Gedränge und zu lange Wartezeiten zu vermeiden.
Diese Technik eignet sich besonders für verschwommene Hintergründe und die Darstellung von Sanftem und Weichem.
Naß-in-Naß-Technik und deckende Malweise können miteinander kombiniert werden.

Faltklatschtechnik

Das Zeichenblatt wird in der Mitte gefaltet. Auf die eine Seite des Blattes wird ein Fleck mit flüssiger Deckmalfarbe aufgetragen. Das Blatt wird wieder gefaltet. Dadurch drückt sich der Fleck auch auf die andere Seite ab.
Am Anfang dieser Technik stehen freie Experimente. Die Schüler sollen dadurch den Flüssigkeitsgrad der Farbe und die Geschwindigkeit des Abziehens herausfinden.
Diese Technik eignet sich für alle symmetrisch gebauten Dinge.

TA/SKIZZE

Mein Farbkasten

Warme Farben

gelb	orange	zinnober-rot	karmin-rot	ocker-gelb	gebr. Siena

Kalte Farben

gelbgrün	blaugrün	pr. blau	ultramarin-blau	umbra	Schwarz

MALEN

LERNINHALT

- Kennenlernen des Farbkastens
- Benennen der Farben
- Unterscheiden zwischen warmer und kalten Farben
- Handhabung des Arbeitsgeräts

THEMA

Ich lerne meinen Farbkasten kennen

QUERVERBINDUNGEN

TECHNIK

Malen mit **Deckfarben**

ARBEITSMITTEL

- Zeichenblatt DIN A3
- Farbkasten
- Pinsel, Malbecher

MÖGLICHER EINSTIEG

Sachimpuls: L zeigt Farbkasten
SS erzählen über mögliche Erfahrungen

Zielangabe: Mein Farbkasten

ÜBERLEGUNGEN zur AUFGABE

- Benennen der Farben: SS lesen Namen vor, L schreibt an TA
- Vergleich der beiden Farbreihen im UG
  - 1. Reihe: Warme Farben
  - 2. Reihe: Kalte Farben
- Handhabung des Arbeitsgeräts; L erklärt, zeigt
  - Pinsel ins Wasser tauchen; beim Herausnehmen am Becherrand abstreifen, damit überschüssiges Wasser abfließen kann
  - mit dem Pinsel in der Farbe rühren, bis diese schäumt
  - auftragen der Farbe auf das Blatt; wir beginnen mit einem Fleck, den wir immer größer werden lassen
- SS malen nach L-diktat mit jeder Deckfarbe einen Ball (entsprechend d.Farbreihen)
- Vergleich der "Arbeiten":
  - wo ist die Farbe besonders intensiv?
  - wo wurde zuviel Wasser verwendet?

MÖGLICHE ALTERNATIVEN/BEMERKUNGEN/NOTIZEN

Hinweis: Die Arbeitsweisen - Wasser holen, Aufräumen des Arbeitsmaterials - müssen beim ersten Mal genau eingeführt werden! Hierbei auf straffe Organisation achten.

TA/SKIZZE

Grund- und Mischfarben

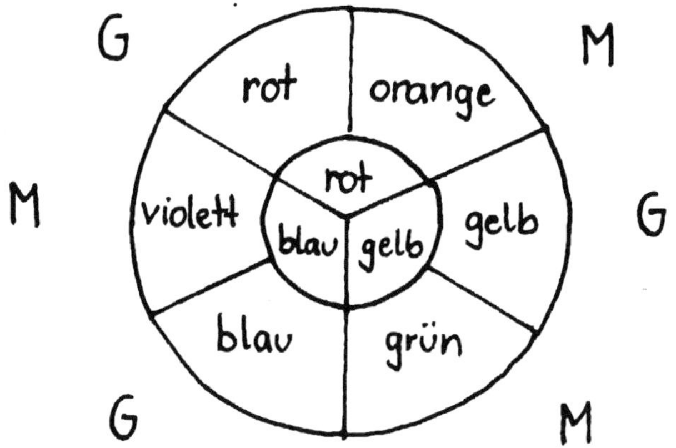

rot + gelb = orange

gelb + blau = grün

blau + rot = violett

MALEN

LERNINHALT

- Grunderfahrungen im Malen von Wasserfarben
- Herstellen und Kennenlernen von Grund- und Mischfarben

THEMA

Wir stellen einen Farbkreis her

QUERVERBINDUNGEN

TECHNIK

Malen mit **Deckfarben**

ARBEITSMITTEL

Zeichenblatt DIN A3
Deckfarben, Pinsel
Schablonen für die Kreise

MÖGLICHER EINSTIEG

Wdh. der Std.: "Mein Farbkasten"

Zielangabe: Wir stellen einen Farbkreis her

ÜBERLEGUNGEN zur AUFGABE

- Zeichnen der beiden Kreise mittels vorgefertigter Schablonen (Vorarbeit des L; auch Einteilung der Kreisfelder auf Schablonen vorgeben)
- Anlegen der Grundfarben
  SS malen nach L-Diktat die Grundfarben in die entsprechenden Felder (vergl. TA)
- Anlagen der Mischfarben
  AA: Mische rot und gelb im Farbkastendeckel! Trage die entstandene Farbe auf das freie Feld zwischen gelb und rot auf!
  SS-Aktivität - Fixierung TA; analoge AA für das Mischen von grün und violett
  Erkenntnis: Orange, grün, violett sind Mischfarben (vergl. TA)
- Erarbeitung des Begriffes "Grundfarben"
  SS-Versuch: Herstellen von rot, gelb, blau durch Mischen auf einem Blatt
  Erkenntnis: Diese Farben kann man nicht durch Mischen herstellen - Grundfarben

MÖGLICHE ALTERNATIVEN/BEMERKUNGEN/NOTIZEN

TA/SKIZZE

Ich male mich beim Faschingszug

MALEN

LERNINHALT

- Malen mit Wasserfarben
- Darstellen einer raumfüllenden Einzelfigur
- Ausschneiden der Figur

THEMA

Ich male mich beim Faschingszug

QUERVERBINDUNGEN

HSK: Feste u. Bräuche: Fasching

TECHNIK

Malen mit **Deckfarben**

ARBEITSMITTEL

- Zeichenblatt DIN A3
- Wasserfarben
- Pinsel, Malbecher
- Schere

MÖGLICHER EINSTIEG

Rückgriff auf HSK/Stunde: Wie ich mich an Fasching verkleide

TA: Ich male mich beim Faschingszug

ÜBERLEGUNGEN zur AUFGABE

- Sprechreihen: Ich verkleide mich als ...
- Jede Faschingsfigur trägt ein bezeichnendes Kostüm
  Impuls: Max möchte sich auch verkleiden; er sieht im Schaufenster verschiedene Kostüme - Öffnen der TA
  SS: Kostüme sind durcheinandergeraten - SS-Aktivität: Ordnen der Kostüme: Zum Cowboy gehört die Pistole ...
  Erkenntnis: Man muß an meiner Verkleidung erkennen, welche Figur ich darstellen will.
- SS malen sich als Faschingsfigur
- Ausschneiden der Figur
- Anordnen der Figuren zu einem Gesamtbild

MÖGLICHE ALTERNATIVEN/BEMERKUNGEN/NOTIZEN

TA/SKIZZE

Wir malen ein Feuerwehrauto

MALEN

LERNINHALT

- Malen mit Wasserfarben
- Darstellen eines formatfüllender Fahrzeuges
- Deckende Verwendung der roten Farbe als Abhebung vom Hintergrund

THEMA

Wir malen ein Feuerwehrauto

QUERVERBINDUNGEN

Verkehrserz.: Verkehrspartner und Fahrzeuge, die uns begegnen

TECHNIK

Malen mit **Wasserfarben**

ARBEITSMITTEL

Zeichenblatt DIN A3
Wasserfarben, Pinsel

MÖGLICHER EINSTIEG

Anknüpfung an HSK-Stunde: Verschiedene Fahrzeuge
oder
Sachimpuls: Sirenengeheul eines Feuerwehrautos (Tonband)

Zielangabe: Wir malen ein Feuerwehrauto

ÜBERLEGUNGEN zur AUFGABE

- Vorbereitung des Hintergrundes:
  - SS bemalen ganzes Blatt mit wässriger, blauer Farbe
  - L verwischt Farbe mit nassem Schwamm
  - trocknen lassen
- Was gehört zu einem Feuerwehrauto?
  Partnerarbeit - Auswertung im UG - Fixierung TA
- Deckende Verwendung der Farben auf den Hintergrund
  Provokation: L malt wässriges Rot auf den blauen Hintergrund
  Spontanäußerungen: ... Rot muß kräftig sein ... Hintergrund darf nicht durchschimmern ...
  gel. UG: Wie stelle ich kräftige Farben her? (wenig Wasser, Farbe kräftig aufrühren ...
- Kreatives Gestalten

MÖGLICHE ALTERNATIVEN/BEMERKUNGEN/NOTIZEN

TA/SKIZZE

Wir malen den Bibabutzemann

Arme:

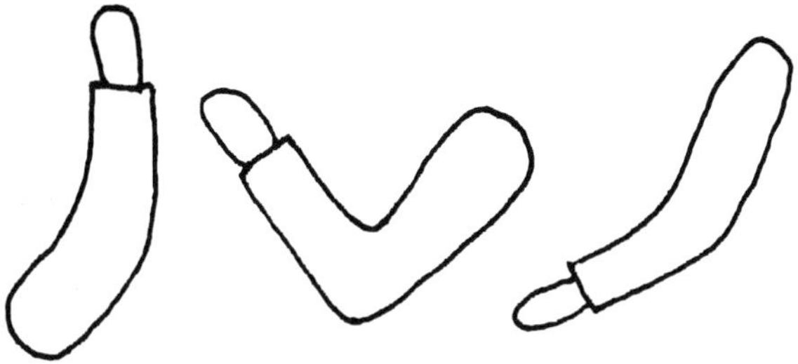

Beine:

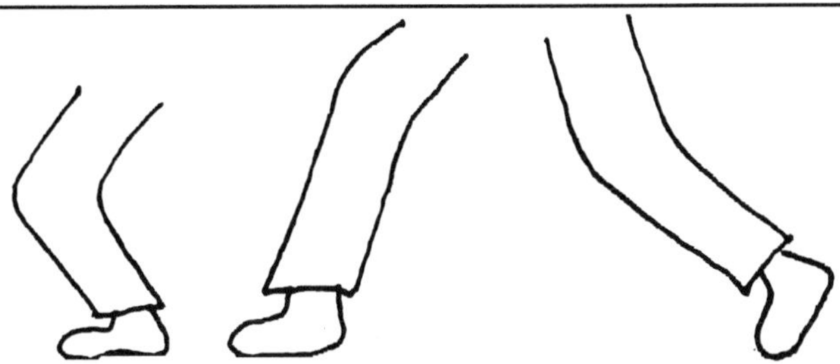

Haare:

MALEN

LERNINHALT
- Malen einer Phantasiegestalt mit Wasserfarben
- Entwickeln einer formatfüllenden Einzelfigur
- Tupfen des Hintergrundes mit dem Borstenpinsel

THEMA

Wir malen den Bibabutzemann

QUERVERBINDUNGEN

HSK: Wie wir wohnen
MuB: Es tanzt der Bibabutzemanr

TECHNIK

Malen mit **Deckfarben**

ARBEITSMITTEL
- Zeichenblatt DIN A3
- Deckfarben
- Pinsel, Malbecher

MÖGLICHER EINSTIEG

Lied: Es tanzt der Bibabutzemann

ÜBERLEGUNGEN zur AUFGABE

- SS beschreiben den Bibabutzemann aufgrund des Liedes: er tanzt, wirbelt durch das Haus ...
- Erarbeitung der Bewegungsdarstellung:
  2-3 SS tanzen den Bibabutzemann vor der Klasse, die anderen SS achten dabei auf die verschiedenen Bewegungen
  anschließendes UG - Fixierung TA
- Malen des Bibabutzemanns
- Darstellen des Hintergrundes
  L erklärt / demonstriert: Wir stupfen den Hintergrund mit dem Borstenpinsel

MÖGLICHE ALTERNATIVEN/BEMERKUNGEN/NOTIZEN

Lied: Es tanzt der Bi-Ba-Butzemann, in: Der kleine Singvogel, S. 110, Ansbacher Verlagsgesellschaft mbH & Co., Ansbach

5.

TA/SKIZZE

Der Struwwelpeter

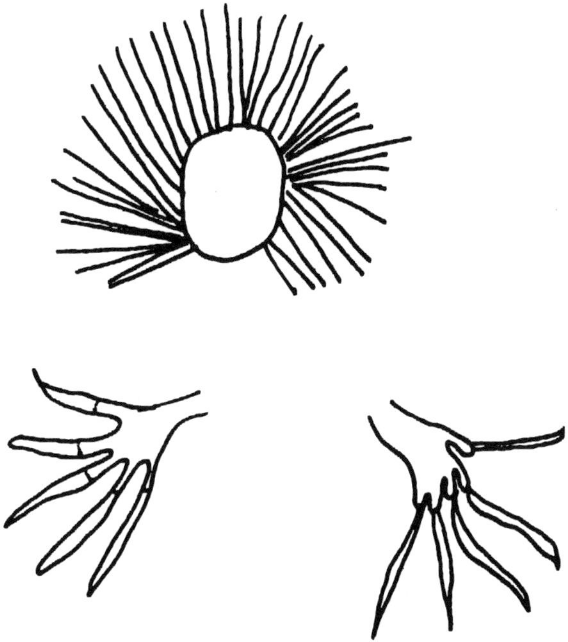

MALEN

LERNINHALT
- Malen mit Wasserfarben
- Darstellen einer formatfüllenden einzelfigur
- Reißen der Haare und Nägel aus Zeitungspapier

THEMA

Der Struwwelpeter

QUERVERBINDUNGEN

HSK: Einblick in die für ein Schulkind erforderliche Körperpflege

TECHNIK

Malen mit **Deckfarben**
Reißarbeit (Haare, Fingernägel)

ARBEITSMITTEL

Zeichenblatt DIN A3
Deckfarben, Pinsel
Zeitungspapier
Klebstoff

MÖGLICHER EINSTIEG

L liest Geschichte vom Struwwelpeter vor

Spontanäußerungen ...

ÜBERLEGUNGEN zur AUFGABE

- Vorbereitung:
  - a) Hintergrund
    - SS bemalen ganzes Blatt mit gelber Farbe
    - L verwischt die Farbe mit nassem Schwamm
    - trocknen lassen
  - b) Einfärben des Zeitungspapiers: SS bemalen einen Streifen der Zeitung mit roter, einen mit schwarzer oder brauner Farbe
- Figur des Struwwelpeters:
  SS beschreiben Figur
  Impuls: Zwei Dinge fallen beim Struwwelpeter besonders auf
  SS-Äußerungen: ... Haare, Fingernägel (vergl. TA!)
  Sachimpuls: L zeigt eingefärbtes Zeitungspapier; SS-Vermutungen über die Gestaltung der Haare/Nägel; UG - Ergebnis: Wir reißen Haare und Fingernägel
- Kreatives Gestalten: 1. Malen der Figur; 2. Reißen der Haare/Nägel / Aufkleber

MÖGLICHE ALTERNATIVEN/BEMERKUNGEN/NOTIZEN

Lit.: Der Struwwelpeter v. HOFFMANN, Rastatt (FAVORIT)

Der Struwwelpeter

Sieh einmal, hier steht er.
Pfui! Der Struwwelpeter!
An den Händen beiden ließ er sich nicht schneiden.
Seine Nägel fast ein Jahr;
Kämmen ließ er nicht sein Haar.
Pfui! Ruft da ein jeder:
Garst'ger Struwwelpeter!

von Dr. Heinrich Hoffmann

(Favorit Verlag, Rastatt)

TA/SKIZZE

Pumuckl

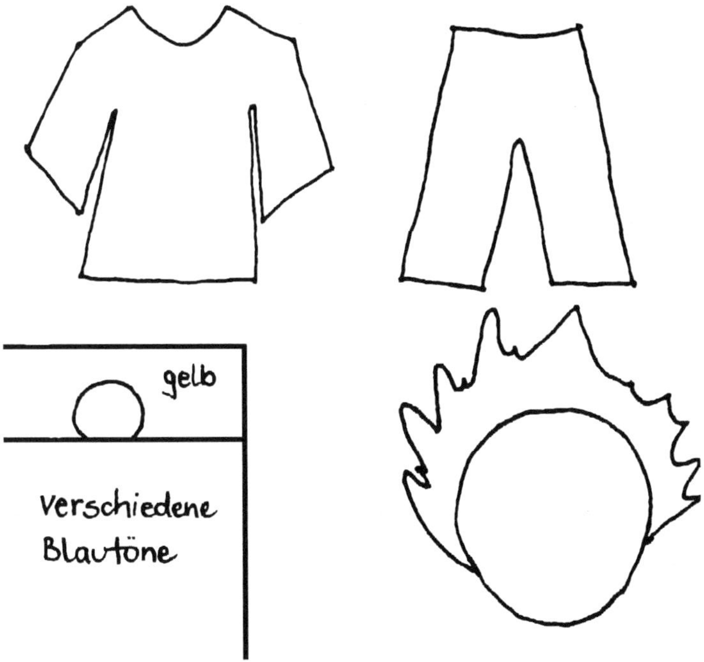

MALEN

LERNINHALT

- Malen einer Phantasiegestalt mit Wasserfarben
- Darstellen einer formatfüllenden Einzelfigur

THEMA

Pumuckl

QUERVERBINDUNGEN

Deu/Lesen: Kinder- und Jugendliteratur kennenlerner

TECHNIK

Malen mit **Wasserfarben**

ARBEITSMITTEL

Zeichenblatt DIN A3
Wasserfarben, Pinsel

MÖGLICHER EINSTIEG

Rückgriff auf Geschichte: "Pumuckl hat Schnupfen"

Zielangabe: Wir malen den Pumuckl

ÜBERLEGUNGEN zur AUFGABE

- Figur: Pumuckl
  SS beschreiben Figur: gelbes Hemd, grüne Hose, rote Haare (vergl. TA)
- Kreatives Gestalten der Figur
- Malen des Hintergrundes:
  2/3 des Blattes tupfen wir mit verschiedenen Blautönen
  1/3 des Blattes tupfen wir mit gelb (vergl. TA)
- Vergleich der Arbeiten

MÖGLICHE ALTERNATIVEN/BEMERKUNGEN/NOTIZEN

Textausschnitt: Pumuckl hat Schnupfen, in: Fibelkinder 2, OLDENBOURG Verlag Müncher

TA/SKIZZE

Das kleine Gespenst

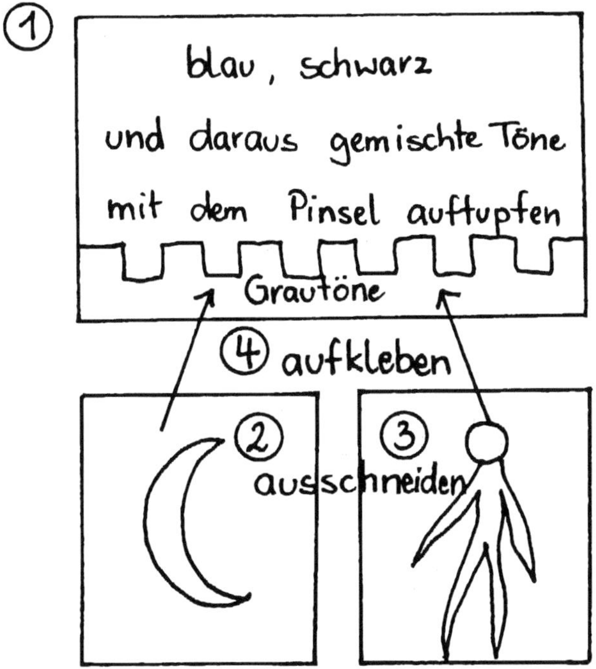

MALEN

LERNINHALT

- Malen mit Wasserfarben
- Unterscheidung: helle - dunkle Farben
- Mischen von Farben (grau; blau und schwarz)

THEMA

Das kleine Gespenst

QUERVERBINDUNGEN

Deu/Lesen: Kennenlernen von Kinder- u. Jugendliteratur

TECHNIK

Malen mit **Wasserfarben**

ARBEITSMITTEL

Zeichenblatt DIN A3
gelbes und weißes Tonpapier
Wasserfarben, Pinsel
Bleistift, Schere, Klebstoff

MÖGLICHER EINSTIEG

Vorlesebuch: Das kleine Gespenst
letztes Kapitel: Wieder Mondschein
... vor Freude hüpfte es von Zinne zu Zinne ...

Zielangabe: Diesen Textausschnitt malen wir

ÜBERLEGUNGEN zur AUFGABE

- "Bilder" des Textausschnittes:
  - Zinnen des Schlosses
  - dunkler Himmel
  - Mond
  - Gespenst
- Erarbeitung des Farbkontrasts:
  Impuls: Diese vier "Bilder" können wir in zwei Farbgruppen aufteilen -
  Erkenntnis: helle - dunkle Farben
- Technische Ausführung: vergl. TA
  1. DIN A3 Blatt: unterer Teil: Zinnen in Grautönen malen; Rest des Blattes in blau, schwarz und daraus gemischten Tönen mit dem Pinsel auftupfen - trocknen lassen
  2. Zeichnen des Mondes mit Bleistift auf gelbes Tonpapier - ausschneiden
  3. Zeichnen des Gespenstes mit Bleistift auf weißes Tonpapier - ausschneiden
  4. Aufkleben des Mondes und des Gespenstes auf DIN A3 Blatt

MÖGLICHE ALTERNATIVEN/BEMERKUNGEN/NOTIZEN

Literatur: Das kleine Gespenst v. O. PREUSSLER, Stuttgart (THIENEMANNS)

TA/SKIZZE

Johannisfeuer

gelb
orange
hellrot
dunkelrot
blau

MALEN

LERNINHALT
- Malen mit Wasserfarben
- Mischen von Blau- und Schwarztönen
- Farblich genaue Darstellung des Feuers
- spannungsreiches Anordnen der Flammen a.d.dunklen Hintergrund

THEMA

Das Johannisfeuer

QUERVERBINDUNGEN

HSK: Brauch: Johannisfeuer / Erfahrungen im Umgang mit dem Feuer beieinem gegebenen Anlaß

TECHNIK

Malen mit **Deckfarben**

ARBEITSMITTEL

2 Zeichenblätter DIN A3
Wasserfarben, Pinsel
Bleistift, Schere, Klebstoff

MÖGLICHER EINSTIEG

Rückgriff auf HSK-Stunde: Johannisfeuer
(Schwerpunkt: Feuer leuchtet, sieht man schon von weitem in der dunklen Nacht)

Zielangabe: Wir malen das Johannisfeuer

ÜBERLEGUNGEN zur AUFGABE

- **Darstellung der Nacht:** gel. UG - es ist nicht gleichmäßig dunkel - DIN A3 Blatt in blau, schwarz und daraus gemischten Tönen mit dem Pinsel auftupfen, trocknen lassen
- **Darstellung des Feuers:**
  1. Farben des Feuers: L zündet an jedem Gruppentisch eine Kerze an (Raum ist verdunkelt); SS beschreiben die Farben - Fixierung TA
  2. Leuchtkraft des Feuers: SS versuchen, auf schwarzem Tonpapier mit den Feuerfarben Leuchtkraft zu erzielen - leuchtet nicht genug; Lösungsvorschläge - gel. UG: Wir streichen ein Blatt reihenweise mit den Feuerfarben ein, lassen es trocknen und schneiden dann das Feuer aus
  3. Form der Flammen: Erarbeitung im gel. UG - Fixierung TA
  4. Ausschneiden und Aufkleben der Flammen auf das dunkle Blatt

MÖGLICHE ALTERNATIVEN/BEMERKUNGEN/NOTIZEN

TA/SKIZZE

Die Schildkröte

MALEN

LERNINHALT

- Malen mit Wasserfarben
- Mischen von verschiedenen Brauntönen
- Darstellen einer formatfüllenden Einzelfigur

THEMA

Kleintier: Schildkröte

QUERVERBINDUNGEN

HSK: Einblick in die Haltung eines Kleintieres

TECHNIK

Malen mit **Deckfarben**

ARBEITSMITTEL

Zeichenblatt DIN A3
Wasserfarben, Pinsel

MÖGLICHER EINSTIEG

Rückgriff auf HSK-Std.: Ich wünsche mir ein Kleintier
oder
Rätsel über Schildkröte (Tonband: verschiedene Kleintiere beschreiben dieses Kriechtier)

ÜBERLEGUNGEN zur AUFGABE

- Vorbereitung des Hintergrundes:
  - SS bemalen ganzes Blatt mit hellgrüner Farbe
  - L wischt mit dem Schwamm darüber
  - trocknen lassen
- Form/Aussehen der Schildkröte (Naturobjekt Schildkr.befindet sich im Klassenzimmer)
  SS beschreiben das Kleintier - L malt nach SS-Angaben an die TA
- Der Schildkrötenpanzer
  1. Zeichnung des Panzers: eingehendes Betrachten; PA: Zeichnen mit möglicher Musterung in eine Kreisform - Anheften an TA
  2. Farben des Panzers: dunkles oder helles Braun
     SS experimentieren:
     - Herstellen von verschiedenen Brauntönen durch Mischen
     - Auftragen dieser Farbtöne jeweils auf ein dunkelbraunes und hellbraunes Tonpapier - Erkenntnis:

     dunklen Untergrund verziere ich mit hellen Brauntönen, hellen Untergrund mit dunklen Brauntönen
- Kreatives Gestalten

MÖGLICHE ALTERNATIVEN/BEMERKUNGEN/NOTIZEN

Bei der Beurteilung des Schildkrötenpanzers sollte das dekorative Element Vorrang vor Naturtreue haben.

TA/SKIZZE

Meine Wunderblüte

MALEN

LERNINHALT

- Malen mit Wasserfarben
- Mischen von verschiedenen Farben
- Darstellen einer formatfüllenden Wunderblüte

THEMA

Meine Wunderblüte

QUERVERBINDUNGEN

HSK: Erfahren des vielfältigen Lebens auf der Wiese

TECHNIK

Malen mit **Deckfarben**

ARBEITSMITTEL

Zeichenblatt DIN A3
Wasserfarben, Pinsel
Schere, Bleistift

MÖGLICHER EINSTIEG

Anknüpfen an HSK-Stunde: Was blüht denn da?

Zielangabe: Meine Wunderblüte (TA)

UG: Klären des Begriffes "Wunderblüte"

ÜBERLEGUNGEN zur AUFGABE

- Formen der Wunderblüte
  L gibt Kreisform als Blumenmittelpunkt vor
  SS finden Möglichkeiten für die Blütenblätter (vergl. TA)
- Farben der Wunderblüte
  Für die Wunderblüte darfst du keine Farbe aus dem Farbkasten verwenden! Du mußt jede Farbe mischen!
  SS experimentieren auf Blatt
- Kreatives Gestalten der Wunderblüte
  (SS zeichnen zunächst Blütenform mit Bleistift vor!)
- Ausschneiden der Wunderblüte
- Aufkleben auf grünem Tonpapier oder ans Fenster kleben.

MÖGLICHE ALTERNATIVEN/BEMERKUNGEN/NOTIZEN

TA/SKIZZE

Faltklatschtechnik

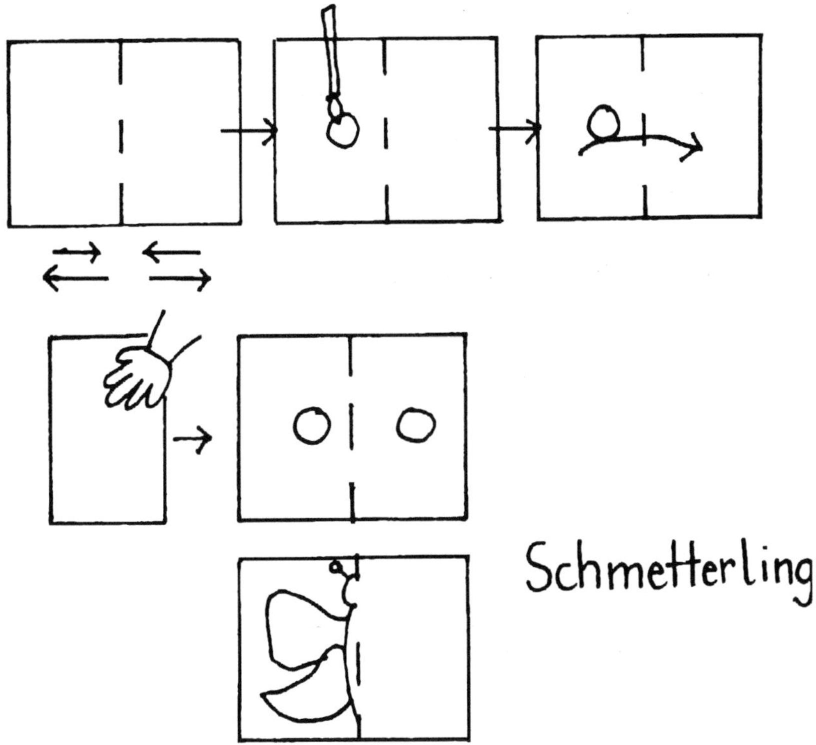

MALEN

LERNINHALT

- Malen mit Wasserfarben
- Kennenlernen d.Faltklatschtechnik
- Durch Experimentieren den Flüssigkeitsgrad der Farbe u.die Geschwindigkeit des Abziehens herausfinden
- Anwenden der Technik beim Malen eines Schmetterlings

THEMA

Wir malen einen Schmetterling
(Faltklatschtechnik)

QUERVERBINDUNGEN

HSK: Erfahrungen des vielfältigen Lebens auf der Wiese

TECHNIK

Malen mit **Wasserfarben**
(Faltklatschtechnik)

ARBEITSMITTEL

Zeichenblatt DIN A3
Wasserfarben, Pinsel
Schere, Klebstoff

MÖGLICHER EINSTIEG

Impuls: Ich kann auf die andere Hälfte dieses Blattes genau denselben Farbflecken malen, ohne daß ich meinen Pinsel oder eine Farbe verwende.

SS-Vermutungen

ÜBERLEGUNGEN zur AUFGABE

- Erarbeiten der Technik im gel. UG - Fixierung TA
  Begriff: Faltklatschtechnik wird von den SS erklärt
- Experimentieren mit der neuen Technik
  SS-Versuche - Erkenntnis: Je flüssiger die Farbe und je schneller der Abzug, desto mehr verlaufen die Farben. Will man ein Verlaufen verhindern, muß die Farbe zähflüssig aufgetragen werden
- Anwenden der Technik beim Malen eines Schmetterlings
  - gel. UG: Form eines Schmetterlings - siehe TA
  - Kreatives Gestalten
  - Ausschneiden des Schmetterlings
    Anbringen ans Fenster oder Kleben auf die Wunderblütenwiese
    (siehe Std.: Meine Wunderblüte)

MÖGLICHE ALTERNATIVEN/BEMERKUNGEN/NOTIZEN

Alternative: Käfer, Fliege

TA/SKIZZE

Der Regenbogen

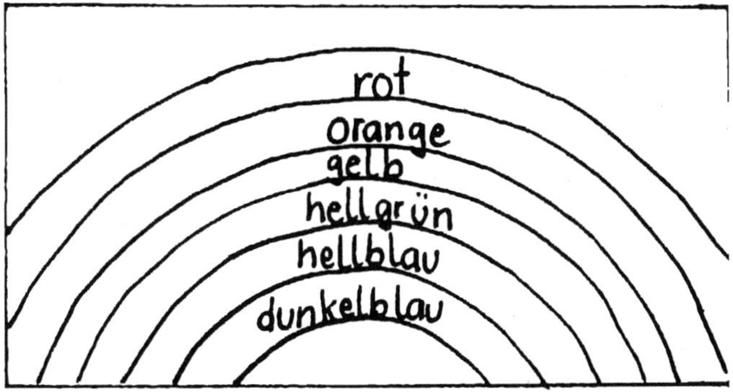

MALEN

LERNINHALT

- Malen des Naturereignisses mit Wasserfarben
- Benennen der Regenbogenfarber
- Möglichkeit der Herstellung blasser Farben kennenlernen und anwenden

THEMA

Der Regenbogen

QUERVERBINDUNGEN

HSK: Erfahrungen und Erlebnisse mit dem Wetter im Jahresverlauf

TECHNIK

Malen mit **Deckfarben**

ARBEITSMITTEL

Zeichenblatt DIN A3
Deckfarben, Pinsel

MÖGLICHER EINSTIEG

Rätsel: Man sieht mich nicht oft am Himmel stehen. Wenn es regnet und gleichzeitig die Sonne scheint, leuchte ich in wunderschönen Farben vom Himmel.

Zielangabe: Der Regenbogen

ÜBERLEGUNGEN zur AUFGABE

- Die Farben des Regenbogens
  SS nennen die verschiedenen Farben des Regenbogens; die Reihenfolge der Farben wird anhand eines Regenbogenbildes abgelesen - Fixierung TA
- Erarbeitung der Technik
  L-Erzählung: Als Max einen Regenbogen sah, setzte er sich zu Hause gleich an seinen Tisch und malte ihn
  Provokation: L hält Regenbogen in betont grellen Farben hoch
  Spontanäußerungen: ... viel zu kräftige Farben ... Farben sind heller
  Partnerarbeit: Wie können wir die hellen Farbtöne herstellen?
  Auswertung: UG; Ergebnis: Wir malen "Naß auf Naß"
- Besprechung der Arbeitsschritte: - Bemalen der gesamten Bildfläche mit wässriger, blauer Farbe
  - L verwischt Farbe mit nassem Schwamm
- Kreatives Gestalten - sofortiges Malen d.Regenbogens auf nassen Himme

MÖGLICHE ALTERNATIVEN/BEMERKUNGEN/NOTIZEN

TA/SKIZZE

Naß-in-Naß-Technik

MALEN

LERNINHALT

- Malen mit Wasserfarben
- Erfahren des Ausdruckswertes einer Technik
- Erkennen, daß diese Technik besonders geeignet ist, Weiches, Sanftes darzustellen

THEMA

Wir gestalten eine Muttertagskarte

QUERVERBINDUNGEN

HSK: Feste und Bräuche:
Muttertag

TECHNIK

Malen mit **Wasserfarben**
(Naß-in-Naß-Technik)

ARBEITSMITTEL

- Zeichenblatt DIN A4
- Wasserfarben, Pinsel
- Schere, Klebstoff, Schablone für Herz, Karte aus Tonpapier

MÖGLICHER EINSTIEG

L zeigt Bild: Farbspuren, die in Naß-in-Naß-Technik gemalt wurden

SS-Vermutungen über mögliches Verfahren

ÜBERLEGUNGEN zur AUFGABE

- Erarbeitung der Technik im gel. UG - Fixierung TA
- Erproben der Technik
  SS experimentieren - Anheften der SS-Versuche an TA; SS verbalisieren ihre Erfahrungen / Ergebnisse (Farbspuren können evtl. gedeutet werden)
- Anwendung der Technik beim Gestalten der Muttertagskarte
  Arbeitsschritte:
  - Herz mit Schablone auf das Blatt vorzeichnen
  - Anfeuchten des Blattes
  - vom Herzmittelpunkt aus malen wir bis zum Rand Kreise (Farben: Rot-, Grün-, Blautöne)
  - Ausschneiden des Herzes
  - Aufkleben auf Tonpapierkarte

MÖGLICHE ALTERNATIVEN/BEMERKUNGEN/NOTIZEN

Text für die Muttertagskarte wird im Schriftl. Sprachgebrauch mit den SS erarbeitet

IV. DARSTELLENDES SPIEL

Das Spiel hat seinen festen Platz nicht nur im Kunstunterricht. Es kann in jedem anderen Unterrichtsfach und in jeder Unterrichtsphase eingesetzt werden.

Der Lehrplan unterscheidet zwei Formen des Spiels:
Pantomimische Spielszenen und das Spiel mit Puppen.

PANTOMIME: Zunächst muß ein Erlebnishintergrund geschaffen werden. Der Bewegungsablauf muß den Kindern bewußt gemacht werden. Dabei sollte man immer von einer konkreten Situation zu einer bildhaften übergehen.

Pantomime kann eine ganze Unterrichtsstunde ausfüllen, sie kann aber auch nur eine kurze Phase dauern (vergl. Std. 'Der Bibabutzemann', 'Was ich am Montag ... mache', 'Ich und mein liebstes Tier')

Möglichkeiten von **Pantomime** in **anderen Unterrichtsfächern:**

Heimat- und Sachkunde:	Ich putze meine Zähne Ich ziehe mich an In welchem Zimmer befinde ich mich? Ich pflege mein Kleintier Ich helfe meiner Mutter beim ... Weißt du, welche Tageszeit es ist?
Musik- und Bewegungs- erziehung:	Liedinhalte Töne Lautstärke
Religion:	Eine erfreuliche Begegnung Wir versöhnen uns nach einem Streit
Lesen:	Lesetexte
Rechnen:	Rechengeschichten
Schreiben:	Schreibformen

GEFAHR: Spielt ein Schüler oder eine Schülergruppe eine Szene "gut" vor, sc wird diese Szene von den folgenden Spielern meist nur imitiert. Eigene Ideen werden nicht mehr verwirklicht.

Spiel mit Puppen

In der ersten Klasse eignen sich vier Puppenarbeiten.

1. Knotenpuppe: Zipfel eines Taschentuches/Kopftuches verknoten - Zeigefinger hineinstecken
2. Tütenpuppe: eine Tüte falten - kleben - bemalen: Kopf, Kleidung
3. Sockenpuppe: Fußsohle eines Sockens aufschneiden - Kartonpapier als Maul einsetzen - Augen, Nase aus Knöpfen aufnähen
4. vorgefertigte Puppen (Kasperlpuppen)

Möglichkeiten des **Einsatzes**

Mdl. Sprachgebrauch:	Grüßen, Danken, sich entschuldigen, persönliches Erlebnis (in der Pause, auf dem Schulweg) erzählen
Lesen:	Dialoge mit Puppen spielen möglichen Schluß einer Geschichte spielen Kernaussage eines Lesetextes spielen
Heimat- und Sachkunde:	Belehrungen mit Puppen spielen (Annahmeeffekt ist durch die Puppen größer) Struwwelpeter, du mußt dich waschen! als Interview im Fernsehen: - Wie halte ich mich gesund? - Wie putze ich meine Zähne richtig? - Was muß ich bei der Tierhaltung beachten?
Religion:	Nachspielen von Bibelgeschichten

TA/SKIZZE

Wir ernten Obst

1. Wir klettern hinauf

2. Wir suchen einen Halt

3. Wir pflücken Obst

4. Wir klettern hinunter

DARSTELLENDES SPIEL

LERNINHALT

Grunderfahrungen im darstellenden Spiel anhand einer pantomimischen Spielszene

THEMA

Wir ernten Obst

QUERVERBINDUNGEN

HSK: Kennenlernen von Obstarten

TECHNIK

Pantomime

ARBEITSMITTEL

- schräg gestellte Leiter
- aus Papier gefertigtes Obst

MÖGLICHER EINSTIEG

Sachimpuls: TA Wir ernten Obst

SS berichten über ihre Erfahrungen

ÜBERLEGUNGEN zur AUFGABE

- 1./2. Teilziel:
  Ausgangspunkt: realer Gegenstand: schräg gestellte Leiter in der Turnhalle
  AA: Klettere die Leiter hinauf und suche dir einen festen Standpunkt. Achte dabei genau darauf, was du mit deinen Händen und Beinen machst!
  SS-Aktivität - Aussprache, Fixierung TA
- Teilzusammenfassung:
  - jeder Schüler klettert noch einmal am realen Gegenstand
  - AA: Stelle dir die Leiter jetzt nur vor und klettere hinauf!
  - Besprechen, Herausstellen von gelungenen Ausführungen
- analoge Erarbeitung von 3./4. Teilziel
- Gesamtzusammenfassung:
  1. Verbalisieren des Erntens anhand der TA
  2. Wir stellen die Ernte dar
  3. Aussprache (Was war besonders gelungen? Wurden alle Stichpunkte beachtet? ...)

MÖGLICHE ALTERNATIVEN/BEMERKUNGEN/NOTIZEN

Bei der Darstellung der Ernte Schüler in Gruppen aufteilen, damit jeder mal Beobachter bzw. Auszuführender ist.

TA/SKIZZE

Streitgespräch zwischen
Hahn und Henne

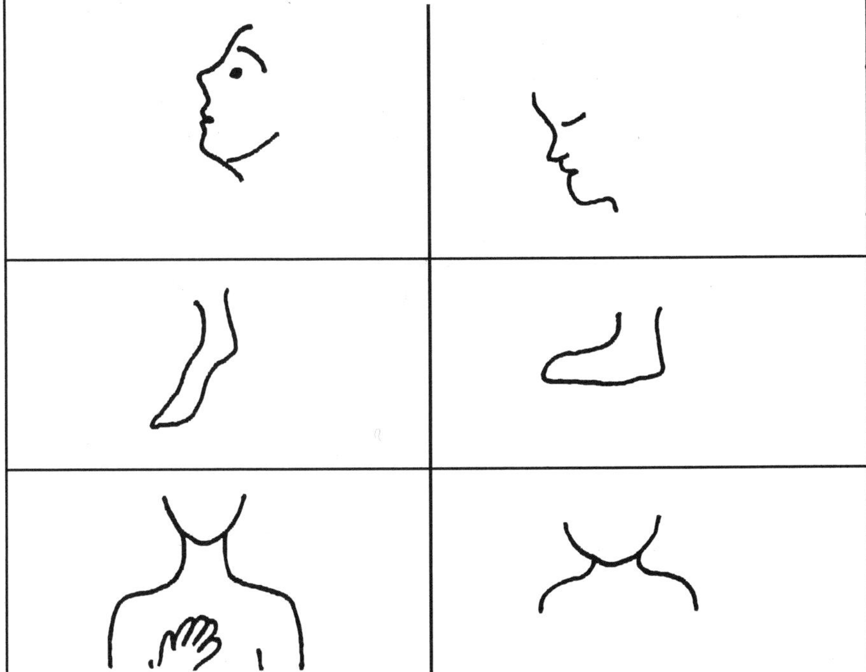

DARSTELLENDES SPIEL

LERNINHALT

Grunderfahrungen im darstellenden Spiel anhand einer pantomimischen Spielszene

THEMA

Streitgespräch zwischen Hahn und Henne

QUERVERBINDUNGEN

TECHNIK

Pantomime

ARBEITSMITTEL

MÖGLICHER EINSTIEG

Rückgriff: Streitgespräch zwischen Hahn und Henne (siehe Std.: Der stolze, prächtige Hahn)

Zielangabe: Wir spielen diese Szene

ÜBERLEGUNGEN zur AUFGABE

1. **Wie können wir den Stolz des Hahnes pantomimisch ausdrücken?**
   Gruppenarbeit - Auswertung im gel. UG: auf Zehenspitzen gehen; Kopf hoch tragen; herablassend zum anderen hinunterschauen; sich an die Brust klopfen; insgesamt steife Körperhaltung (vergl. TA)
2. **Pantomime: Stolzer Hahn**
3. **Wie können wir die Niedergeschlagenheit der Henne ausdrücken?**
   PA - Auswertung im gel. UG: schwerer Gang; Kopf fällt auf die Brust; gesenkte Augenlider;
4. **Pantomime: Niedergeschlagene Henne**
5. **Verbindung beider Pantomimen**
   Wir reagieren aufeinander! (Je größer der Hahn wird, desto kleiner wird die Henne)

MÖGLICHE ALTERNATIVEN/BEMERKUNGEN/NOTIZEN

Bei der Darstellung darauf achten, daß jeder mal Beobachter bzw. Auszuführender ist!

V. BILDBETRACHTUNG

Laut Lehrplan sollen hierfür Bilder herangezogen werden, die vom Inhalt her für die Kinder verständlich und interessant sind.
Ich habe hierfür zwei Themen ausgesucht, die ich erst nach Ostern erarbeite.
Am Anfang der ersten Klasse fällt es den Schülern schwer, ein Bild genau und längere Zeit still zu betrachten. Die Konzentration, ein längeres Verweilen bei einem Gegenstand muß erst gesteigert werden. Wie ein Bild gesehen, aufgenommen, wie dessen Inhalt verbalisiert wird, lernen die Kinder allmählich. Am Anfang steht ein Bild in der Motivationsphase, das die Schüler anspricht und sie auch zu Fragen ermuntert. Ist eine gewisse Arbeitstechnik vorhanden, können Bildwerke betrachtet und beschrieben werden.
Die ausgewählten Bilder - "Das Mädchen und die Katze", "Die Mohnblumen" von C. MONET - unterscheiden sich aufgrund ihrer Maltechnik. Während beim ersten Bild die genaue Darstellung der Personen und die Farbwahl im Vordergrund stehen, überwiegen bei MONET die Farben, die in lockerer, tupfenartiger Pinseltechnik aufgetragen werden. Wer seinen Schülern die Malepoche des Impressionismus näherbringen will, dem empfehle ich das
Kinderbuch "Linnéa im Garten des Malers" (Text CH. BJÖRK,
Zeichnungen L. ANDERSON, Bertelsmann Verlag, München)

TA/SKIZZE

Das Mädchen und die Katze

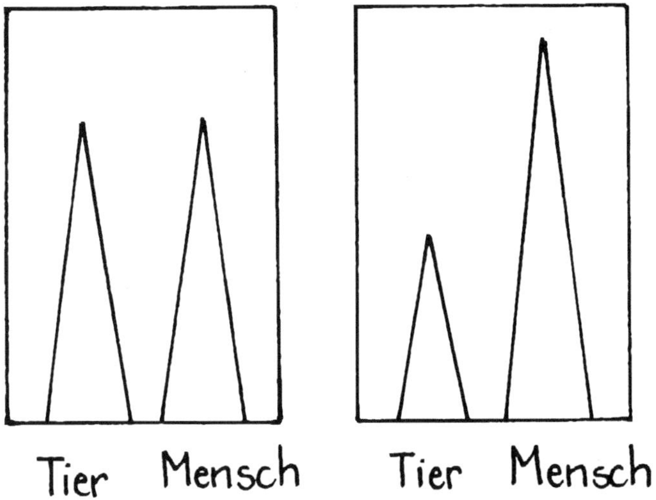

BILDBETRACHTUNG

LERNINHALT

Betrachten von Bildwerken
- Erkennen, daß das Mädchen die Katze liebhat
- Die überdimensionale Darstellung der Katze deuten können
- Beschreiben der verwendeten Farben

THEMA

Bildbetrachtung: **Das Mädchen und die Katze**

QUERVERBINDUNGEN

HSK: Einblick in die Haltung eines Kleintieres

TECHNIK

- **stilles Betrachten**
- **genaues Beschreiben**

ARBEITSMITTEL

Lesebuch: Mein Lesebuch 2N S. 131; Bayerischer Schulbuchverlag

MÖGLICHER EINSTIEG

Sachimpuls: Bild (Das Mädchen und die Katze)

stummes Betrachten, freies Äußern

ÜBERLEGUNGEN zur AUFGABE

- **Was sehen wir?** Ein Mädchen, das eine schwarze Katze umarmt. Es schmiegt sich eng an das Tier, die rechte Gesichtshälfte ist dadurch verdeckt. Die Katze genießt diese Liebe; man sieht dies an ihrem zufriedenen Gesichtsausdruck: Die Augen sind fast verschlossen, nur kleine Schlitze sind sichtbar. Die Schnauze lacht förmlich! Rechts neben dem Mädchen ist ein Baum.
- **Was empfinden wir?** Wollen wir das Tier umarmen? Wollen wir ihm etwas ins Ohr flüstern? Will die Katze ausreißen? Was drückt die überdimensionale Darstellung der Katze aus? (vergl. TA)
- **Welche Farben wurden verwendet?** Rot und schwarz: eigentlich gegensätzliche Farbtöne, die durch die "Bewegung" in der Darstellung eine gewisse Wärme bezeugen

MÖGLICHE ALTERNATIVEN/BEMERKUNGEN/NOTIZEN

Bild: Mädchen und die Katze, in: Mein Lesebuch 2N, S. 131, München (BSV)
Im Anschluß an die Bildbetrachtung kann die Geschichte "Schnurrimaunz" im selben Lesebuch S. 130f vorgelesen werden.

Helga Aichinger

TA/SKIZZE

Ich und mein liebstes Tier

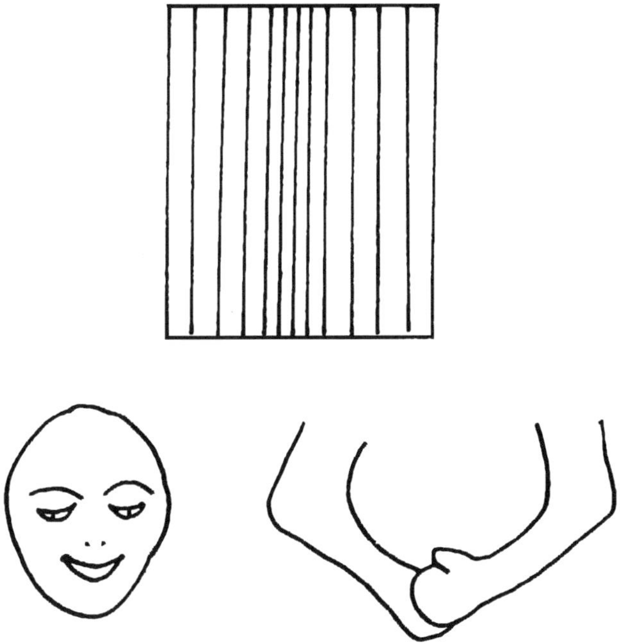

ZEICHNEN und MALEN

LERNINHALT

- Darstellen einer Szene mit Wachsmalstiften
- Die enge Beziehung Mensch - Tier in der Darstellung ausdrücken

THEMA

Ich und mein liebstes Tier

QUERVERBINDUNGEN

HSK: Einblick in die Haltung eines Kleintieres

TECHNIK

Malen mit **Wachsmalstiften**

ARBEITSMITTEL

Zeichenblatt DIN A3
Wachsmalstifte
Tonpapierstreifen

MÖGLICHER EINSTIEG

Rückgriff auf Stunde: Das Mädchen und die Katze (Bildbetrachtung)

Zielangabe: Ich und mein liebstes Tier

SS erzählen von ihrem Lieblingstier

ÜBERLEGUNGEN zur AUFGABE

1. **Gestalten des Hintergrundes** (vergl. TA)
   Blatt in der Mitte beginnend mit längsgelegten Tonpapierstreifen unterlegen; SS streichen mit quergelegtem Wachsmalstift Farbe (hellbraun, hellrot, grün) auf; die Abstände zwischen den Streifen werden zum Bildrand hin immer größer! Hinweis: Mit dem Wachsmalstift nicht zu fest aufdrücken!

2. **Gestalten der Szene**
   - Pantomime: Ich habe mein Tier lieb - ich freue mich, lache, will ganz nahe bei meinem Tier sein, umarme es ... (vergl. TA)
   - Malen der Szene
     Hinweis: Jetzt mit den Wachsmalstiften fest aufdrücken.

MÖGLICHE ALTERNATIVEN/BEMERKUNGEN/NOTIZEN

Die Tonpapierstreifen verrutschen bei den Kindern leicht. Abhilfe kann dadurch geschaffen werden, indem man ein Ende des Streifens mit einer Büroklammer am Blatt befestigt.

TA/SKIZZE

Die Mohnblumen

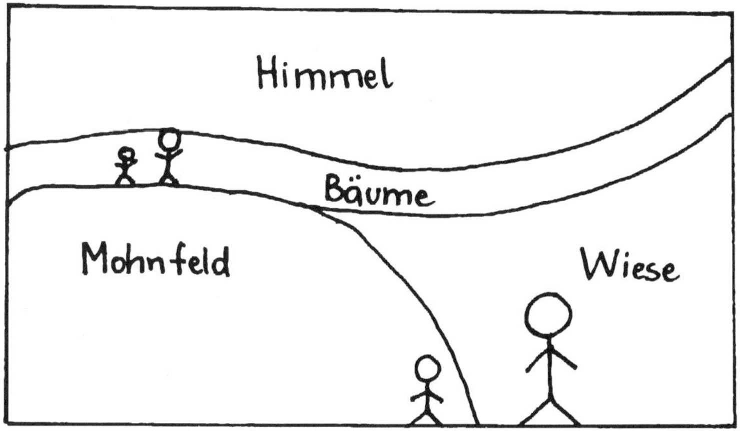

BILDBETRACHTUNG

LERNINHALT

Betrachten von Bildwerken
- Genaues Beschreiben des Bildes
- Erkennen des Bildinhaltes
- Erkennen der Vordergründigkeit der Farben
- Kennenlernen der Malepoche des Impressionismus

THEMA

Die Mohnblumen
v. C. MONET

QUERVERBINDUNGEN

HSK: Erfahren des vielfältigen Lebens auf der Wiese

TECHNIK

- **stilles Betrachten**
- **genaues Beschreiben**

ARBEITSMITTEL

1 Kunstkarte je Schülergruppe

MÖGLICHER EINSTIEG

Sachimpuls: jede SS-Gruppe erhält eine Kunstkarte

stummes Betrachten, freies Äußern

ÜBERLEGUNGEN zur AUFGABE

- **Was sehen wir?** Ein großes Mohnfeld erstreckt sich über die linke Bildhälfte bis fast zum rechten Bildrand. Vier Personen - jeweils eine Frau mit Kind - gehen darin spazieren. Das Mohnfeld geht in eine grün-blaue Wiese über. Beide - Mohnfeld und Wiese - werden von einer Baumreihe begrenzt. Der Himmel ist bedeckt mit vielen weißen Wolken (vergl. TA)
- **Was empfinden wir?** Möchten wir uns den Spaziergängern anschließen und die Pracht des Mohnfeldes genießen? Ist es schwül, heiß? Welchen Eindruck wollte der Maler vermitteln?
- **Malepoche: Impressionismus**
  AA: Schau dir die Mohnblumen genau an! - gel. UG - Erkenntnis: Mohnblumen sind nur rote Flecken. Man erkennt keine klaren Formen.
  L-information über Impressionismus: ... Impression ist ein anderes Wort für Eindruck. C. MONET wollte seinen Eindruck von den Mohnblumen mit klaren Farbflecken malen.

MÖGLICHE ALTERNATIVEN/BEMERKUNGEN/NOTIZEN

Lit.: Kunstkarte v. C. MONET: Das Mohnfeld
Linnéa im Garten des Malers, Text: Chr. BJÖRK, Zeichnungen: L. ANDERSON, München (BERTELSMANN)

TA/SKIZZE

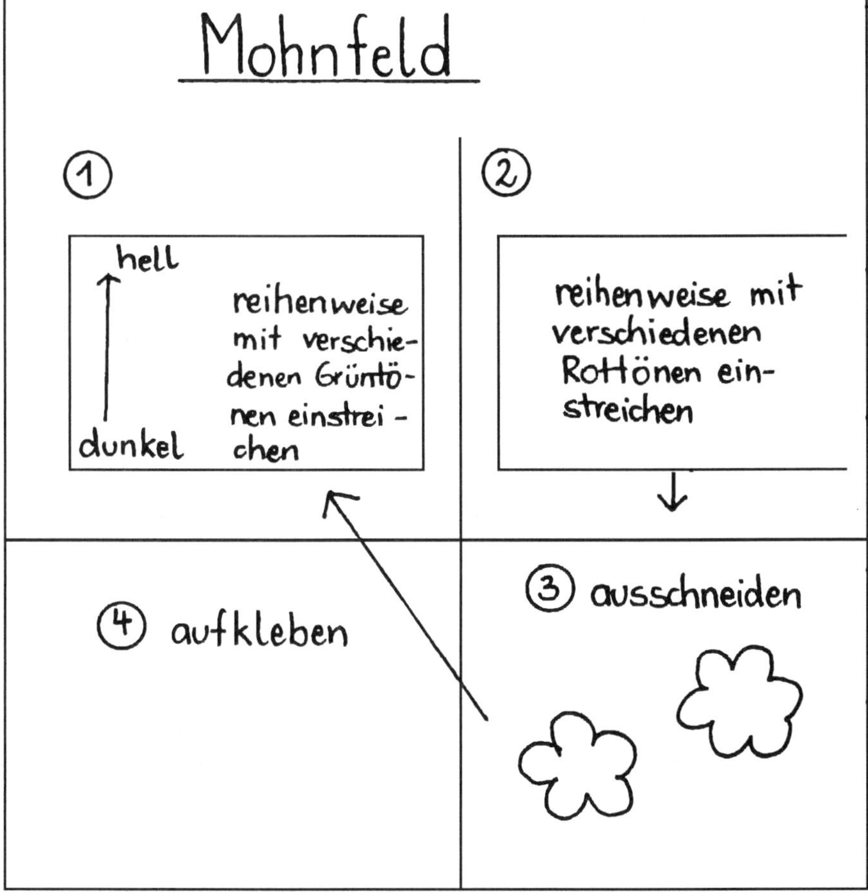

MALEN

LERNINHALT

- Malen mit Wasserfarben: Mischen von Grün- u.Rottönen
- Ausschneiden von verschiedenen Blütenformen
- Spannungsreiches Anordnen der Blüten zu einem Gesamtbild

THEMA

Wir malen das Mohnfeld
von CLAUDE MONET

QUERVERBINDUNGEN

HSK: Erfahren des vielfältigen Lebens auf der Wiese

TECHNIK

Malen mit **Deckfarben**

ARBEITSMITTEL

2 Zeichenblätter DIN A3
Wasserfarben, Pinsel,
Schere, Klebstoff

MÖGLICHER EINSTIEG

- Rückgriff auf Std.: Bildbetrachtung: Die Mohnblumen v. CLAUDE MONET
- **Zielangabe:** Wir malen das Mohnfeld
- SS erkennen: Wie MONET können wir das Mohnfeld nicht malen, wir gestalten es einfacher
- SS-Vorschläge

ÜBERLEGUNGEN zur AUFGABE

- Mischen der Farben: Grün, Rot
  Impuls: Zwei Farben beherrschen das Mohnfeld - SS-Äußerungen: ... rot, grün
  Provokation: Ich bemale mein Blatt mit **einer** grünen Farbe, lasse es trocknen unc male mit **einer** roten Farbe die Blüten darauf.
  - Erkenntnis: Wir verwenden für den Untergrund verschiedene Grüntöne, für die Blüten verschiedene Rottöne

  SS experimentieren: Herstellen von Grün- und Rottönen durch Mischen
- Erarbeiten der Technik (siehe TA)
- Kreatives Gestalten
- Vergleich der Arbeiten

MÖGLICHE ALTERNATIVEN/BEMERKUNGEN/NOTIZEN

Lit.: Kunstkarte: Les coquelicots v. C. MONET
Gestaltungsstd. Nr. 244, ALS Verlag, Frankfurt

TA/SKIZZE

Wir basteln einen Engel

GESTALTEN

LERNINHALT

- Herstellen einer Engelform im Faltschnitt
- Verzieren des Gewandes mit verschiedenen Mustern
- Differenzierte Darstellung der Gesichtszüge

THEMA

Wir schmücken unsere Weihnachtskarte mit einem Engel

QUERVERBINDUNGEN

HSK: Örtl. Feste u. Bräuche: Weihnachten

TECHNIK

Basteln mit **Buntpapier**

ARBEITSMITTEL

Buntpapier, Schere, Wolle, Klebstoff,
Weihnachtskarte aus Tonpapier

MÖGLICHER EINSTIEG

L-erzählung: Engel bringt den Hirten die Botschaft über die Geburt von Jesus (Schwerpunkt liegt auf der Beschreibung des Engels)

SS-Äußerungen

Zielangabe: Wir basteln einen Engel

ÜBERLEGUNGEN zur AUFGABE

- Form des Engels wird im UG erarbeitet; einige SS malen Engel an TA - erkennen Schwierigkeit, Engel symmetrisch genau darzustellen
  Impuls: Wir wenden eine neue Technik an, damit wir unseren Engel gleichmäßig darstellen können: den Faltschnitt
  L erklärt Technik (siehe TA)
- SS stellen Engelform im Faltschnitt her, schneiden ihn aus und kleben ihn auf die Weihnachtskarte aus Tonpapier
- Impuls: Unserem Engel fehlt noch viel, um prächtig auszusehen!
  Arbeitsschritte werden im UG erarbeitet:
  - Aufkleben des Gesichts
  - Aufkleben der Haare aus Wolle
  - Verzieren des Gewandes mit Buntpapier
- Kreatives Gestalten des Faltengels

MÖGLICHE ALTERNATIVEN/BEMERKUNGEN/NOTIZEN

Hinweis: Text für die Weihnachtsgrüße werden im Deutschunterricht

TA/SKIZZE

Unser Adventkalender

GESTALTEN

LERNINHALT
- Basteln von Weihnachtsschmuck für den Adventskalender
- Genaues Ausschneiden d.Schmucks
- Durchdifferenzieren d.Schmucks mit verschiedenen Mustern
- Anordnen des Schmucks an der "Tanne"

THEMA

Wir basteln einen Adventkalender

QUERVERBINDUNGEN

HSK: Örtl. Feste u. Bräuche: Advent

TECHNIK

Basteln mit **Buntpapier**

ARBEITSMITTEL

SS:	L:
Buntpapier, Schere, Schablonen für die Kugelform, evtl. Klebstoff	Tanne aus Plakatkarton, Ziffern 1-24 Tesafilm, Papierrollen an Geschenkbändern

MÖGLICHER EINSTIEG

Rätsel: Es ist ein Ding, an dem du dich in der Vorweihnachtszeit erfreust. Du kannst daran genau ablesen, wie lange es noch bis Weihnachten ist. Jeden Tag kannst du ein Türchen aufmachen und findest darin allerlei Sachen: Bilder, Süßigkeiten ...

Zielangabe: Wir basteln einen Adventkalender

ÜBERLEGUNGEN zur AUFGABE

- Finden von verschiedenartigem Baumschmuck (siehe TA!)
- Mögliche Muster für die Kugeln und Glocken werden besprochen (siehe TA!)
- Basteln des Schmucks
  1 geschickter S bastelt aus Buntpapier einen Nikolaus für den 6. Dezember; 1-2 geschickte SS basteln eine Krippe für den 24. Dezember
- Anbringen des Schmucks an der Tanne
- Anbringen der Ziffern 1-24 und der Papierrollen mit den Geschenkbändern durch den L.

MÖGLICHE ALTERNATIVEN/BEMERKUNGEN/NOTIZEN

Hinweis: Auf den Papierrollen steht z.B. Belohnung für den jeweiligen Tag oder ein bestimmter Vorsatz ...

Alternative: Adventkalender als Winterlandschaft: Dorf mit Häusern, Kirche ...

TA/SKIZZE

Ein Spitzendeckchen für den Geburtstagstisch

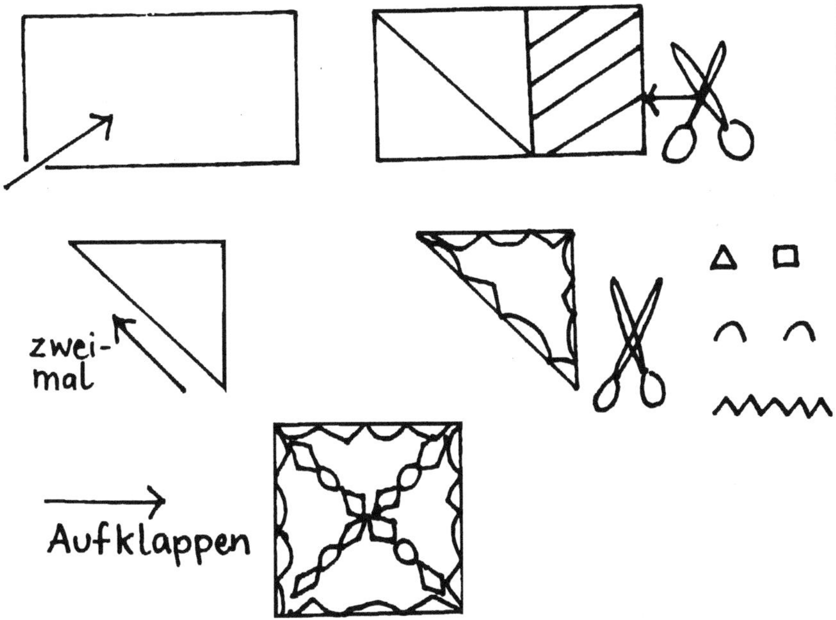

SCHNEIDEN

LERNINHALT
- Falten eines Blattes
- Finden von möglichen Mustern
- Üben des Umgangs mit der Schere

THEMA

Ein Spitzendeckchen für den Geburtstagstisch

QUERVERBINDUNGEN

HSK: Erleben von Gemeinschaft: Geburtstag

TECHNIK

Falten und **Schneiden**

ARBEITSMITTEL

weißes Blatt DIN A4
Schere, Klebstoff
verschiedenfarbige Tonpapiere

MÖGLICHER EINSTIEG

L-erzählung: ... Max möchte seine Freunde mit etwas Selbstgebasteltem für den Geburtstagstisch überraschen ...

SS-Vorschläge

Zielangabe: Wir basteln ein Spitzendeckchen für den Geburtstagstisch

ÜBERLEGUNGEN zur AUFGABE

- L stellt fertiges Deckchen vor - SS-Vermutungen über die Technik
- Erarbeitung der Technik und deren Ausführung (vergl. TA)
  jeder Arbeitsschritt wird genau besprochen, verbalisiert, an der TA fixiert und sofort von L und SS ausgeführt
  1. untere Ecke des Blattes nach oben klappen
  2. überstehendes Blatteil abschneiden
  3. untere Spitze des Dreiecks zweimal nach oben klappen
  4. in alle drei Seiten Muster hineinschneiden (L malt mögliche Schneidemuster nach SS-Vorschlägen an die TA)
  5. Aufklappen des Dreiecks
- Aufkleben des Spitzendeckchens auf verschiedenfarbige Tonpapiere.

MÖGLICHE ALTERNATIVEN/BEMERKUNGEN/NOTIZEN

TA/SKIZZE

Meine Geburtstagstorte

FORMEN

LERNINHALT

- Herstellen einer Geburtstagstorte aus Plastillin
- Schulen der Fingerfertigkeit

THEMA

Ich knete meine Geburtstagstorte

QUERVERBINDUNGEN

HSK: Mein Geburtstag

TECHNIK

Arbeiten mit **Plastillin**

ARBEITSMITTEL

- Plastillin
- Knetunterlage

MÖGLICHER EINSTIEG

Rückgriff auf HSK-Stunde: Ich feiere meinen Geburtstag

Zielangabe: Ich knete meine Geburtstagstorte

ÜBERLEGUNGEN zur AUFGABE

- SS erzählen über ihre Geburtstagstorte
- im gel. UG werden Aussehen der Torte und mögliche Verzierungen erarbeitet: L malt Möglichkeiten nach SS-Vorschlägen an TA
- Kneten der Geburtstagstorte
- Sammeln der Torten auf einem Tisch; Vergleich, Bewerten der Arbeiten (z.B. Welche Torte wurde besonders sauber verarbeitet?
  Welche Torte verleitet dich zum sofortigen Hineinbeißen? ...)

MÖGLICHE ALTERNATIVEN/BEMERKUNGEN/NOTIZEN

Alternative: Kneten einer Krone

Inhaltsübersicht:

Organisation
Nicks Geburtstag
Lerninhalt: Farbfamilien
Opas Geburtstagsgeschenk
Lerninhalt: Deckendes Malen
Im Weltall
Lerninhalt: Breite und schmale Pinselführung
Die Notlandung
Lerninhalt: Verschiedene Farbauftragsmöglichkeiten durch Tupfen, Tropfen, Spritzen
Der Unterwasserplanet
Lerninhalt: Nass-in-Nass-Malerei
In der Falle
Lerninhalt: Farbwirkung: hell - dunkel
Der verlassene Planet
Lerninhalt: Farben mischen/aufhellen mit Deckweiß
Beim lustigen Gesellen
Lerninhalt: Farben mischen - orange Farbtöne
Die Farbtöne des Riesen
Lerninhalt: Mischen der Grundfarben Gelb, Rot, Blau

Kunsterziehung 1./2.

Nr. 858 *40* **Seiten DM 14,80**

Inhaltsübersicht:

1. Ein grauer Regentag (Text und Gestaltungsvorschlag)
2. Im Land der blauen Farbtöne
2.1 Die tausend Federn (Text und Kopiervorlage)
2.2 Im Eismeer (Text und Gestaltungsvorschlag)
3. Im Land der roten Farbtöne
3.1 Auf der Mohnblumenwiese (Text und Kopiervorlage)
3.2 Das Höllenhaus (Text und Gestaltungsvorschlag)
4. Im Land der gelben Farbtöne
4.1 Zwischen den Sternen (Text und Kopiervorlage)
4.2 Tortilla im Tortenturm (Text und Gestaltungsvorschlag)
5. Im Land des rot-grünen Farbkontrastes
5.1 Der Kräutler (Text, Kopiervorlage und zwei Gestaltungsvorschläge)
6. Im Land der bunten Farben
6.1 Auf dem Regenbogen (Text und Kopiervorlage)
6.2 Meine bunte Welt (Text und Gestaltungsvorschlag)

Literaturangabe
Blaich, Ute: Julia und ihr Pferd. Geschichten zum Malen, Oldenbourg 1974

Kunsterziehung 3./4.

Nr. 786 *28* **Seiten DM 11,80**

Inhaltsübersicht:

Betrachtung von Kunstwerken
1./2. Jahrgangsstufen

1) „Paul als Harlekin" von Pablo Picasso (1924)
2) „Eisenbahn bei Murnau" von W. Kandinsky (1909)
3) „Die Fluchtleiter" von Joan Miró (1940)
4) „Stillleben mit Obstkorb" von Paul Cézanne (1890)
5) „Die Gelbe Kuh" von Franz Marc (1911)
6) „Städtebild" von Paul Klee (1921)
7) „Der blaue Zirkus) von Marc Chagall (1950)
8) Das „Hundertwasserhaus" Wien (1977-1986)
9) „Monets Garten in Giverny" von C. Monet (1895)

Begegnung m. Kunstwerken1./2.

Nr. 791 *84* **Seiten DM 27,80**

Foliensatz

9 Farbfolien

Inhaltsübersicht:

Betrachtung von Kunstwerken
1./2. Jahrgangsstufe
9 Farbfolien mit 14 Abbildungen

1) „Paul als Harlekin" von Pablo Picasso (1924)
2) „Eisenbahn bei Murnau" von W. Kandinsky (1909)
3) „Die Fluchtleiter" von Joan Miró (1940)
4) „Stillleben mit Obstkorb" von Paul Cézanne (1890)
5) „Die Gelbe Kuh" von Franz Marc (1911)
6) „Städtebild" von Paul Klee (1921)
7) „Der blaue Zirkus) von Marc Chagall (1950)
8) Das „Hundertwasserhaus" Wien (1977-1986)
9) „Monets Garten in Giverny" von C. Monet (1895)

Begegnung m. Kunstwerken1./2.

Nr. 676 9 Farbfolien **DM 39,80**